THE HAVING

부와 행운을 끌어당기는 힘

더 해빙

이서윤·홍주연 지음

이 책을 먼저 읽은 해외 독자들의 리뷰

지금껏 내가 읽은 모든 책 중에 나에게 가장 도움이 된 책! 인생이 완전히 바뀌었다.
Daria Fabbri (Italy)

돈에 대한 불안이 사라졌다. 돈 때문에 내 가치를 낮게 평가하는 일도 더 이상은 없다. 마인드가 바뀌자 놀랍게도 예상치 못한 돈이 계속 들어오고 있다!
Elisha Sander (Canada)

이틀 만에 책을 다 읽은 후, Having을 하려고 노력했다. 벌써 기적이 일어나는 듯하다. 내가 운영하는 스타트업에 투자하겠다는 곳이 나타난 것이다! 이렇게 멋진 선물을 세상에 보내준 것에 대해 서윤에게 감사하는 마음이다. 당신의 존재와 가르침에 대해 강력한 고마움을 표현하고 싶다.
James Chua (Singapore)

이제 5월이면 나는 69세가 된다. 최근에 은퇴한 나는 이전에는 제대로 준비되지 않았기 때문에 '보통의 나이'를 많이 흘려 보냈다. 조금 더 일찍 서윤을 만났더라면 얼마나 좋았을까.
Greg Burget (USA)

책을 읽자마자 마음이 편안해졌다. 놀라운 것은 부정적인 생각이 들어도 마음이 자동적으로 '편안함'의 상태로 돌아간다는 것이다.
Ana Rita Silva (Portugal)

오디오북을 세 번 반복해서 듣고 내 가족들에게 '반드시 읽어야 할 책'이라고 추천했다. 위로와 통찰을 주고, 동기를 불어넣어 주는 책이다.
Paolo Pometto (Italy)

나는 투자은행에서 일하고 있다. 진작에 직장을 그만두고 싶었으나 매달 내야 하는 돈을 생각하면 두렵고 불안했다. 하지만 이 책은 나에게 다 잘될 거라는 편안함을 선물해주었다. 책을 읽고 마음가짐을 바꾸고 나자 대여섯 개의 놀라운 기회들이 찾아오기 시작했다! 때로는 절망의 시기에 한 줄기 희망의 빛이 커다란 위안이 된다. 이 책은 나에게 그런 위안을 주었다. 이 책을 고른 나는 운이 좋은 사람이다.
Sudipta Ghosh (Australia)

《The Having》은 행운의 바이블이다. 우리 모두 읽고 또 읽고 그 내용을 명상하고 실천해야 한다. 이 책은 인생에 대한 안내서다.
Alberto Rocha (Portugal)

정말 마법 같은 책이다! 이 책이 독일에 번역되도록 돕고 싶다. 내 가족과 친구들도 책을 꼭 읽게 만들고 싶기 때문이다.
Nils Rodgers (Germany)

매혹적이면서 동시에 놀라운 책이다. 그동안 고민해온 문제에 대한 결정을 내릴 수 있는 통찰을 얻은 것에 감사하고 있다. 나는 성공적인 인생을 살아왔으나 아들이 세상을 떠난 뒤 한동안 수렁에 빠져 있었다. 하지만 이 책을 읽고 마침내 수렁에서 빠져나올 수 있게 되었다. 그걸 도와준 당신의 통찰력에 감사한다.
Carlos González (USA)

《The Having》은 내가 평생에 걸쳐 찾아온 것이다. 생각의 패턴이 바뀌는 것이 벌써 느껴진다. 정말 특별한 에너지다!
Gabriela Crystal (Rumania)

나는 캐나다 토론토에 사는 23세의 대출 에이전트다. 지금까지 나는 부자가 되는 비밀을 알아내기 위해 매주 두 권의 책을 읽고 할 수 있는 것을 다 해보았다. 하지만 당신의 가르침엔 특별한 것이 있다. 책을 읽고 내 인생이 바뀔 거라는 예감이 들었다!
Steve Burns (Canada)

아내가 처음 이 책을 발견한 후 우리 가족 모두 Having의 개념을 배우고 적극적으로 실천하고 있다. 그 후 우리 삶이 축복받았다는 느낌으로 충만해졌다. 지혜를 나눠준 것에 대해 감사하다.
David Yeomans (USA)

한국 사람이 쓴 책은 지금까지 읽은 적이 없었다. 그런데 이 책은 나를 완전히 매료시켰다. 군대에서 나온 뒤 나는 취직도 하지 않고 어떤 인간관계도 맺지 않으며 은둔자처럼 살아왔다. 이 책을 읽고 내 인생이 조금씩 돌아오는 것이 느껴졌다. 오늘은 암스테르담에서 열린 워크샵에 다녀왔다. 이전에는 두려움과 공황 느낌 때문에 집 밖에 나설 수도 없었는데…. 행운이 이렇게 찬찬히 찾아오는 것 같다!
Sava Segers (Netherlands)

믿기 힘들 정도로 놀랍다! 이 책은 경제적, 감정적 그리고 영적인 면에서 진짜 부자로 사는 법에 대해 진정한 청사진을 제시한다.
Dee (USA)

이 책이 안내하는 대로 따르기 시작한 뒤부터 삶에서 혼란이 줄어들었다!
Gertrude Kald (Germany)

이 책을 써주어서 감사하다. 가슴을 두드리는 실용적인 이야기를 아름답게 엮어낸 이 책은 나에게 큰 울림을 주었다. 나는 당신이 얼마나 훌륭한 작품을 썼는지 알기 바란다. 이 책은 많은 사람들에게 긍정적인 영향을 줄 것이다!
Sylvia Sayers (USA)

이 가르침을 발견한 것은 내 인생의 진정한 선물이었다. 이 선물을 절대로 낭비하지 않을 것이다.
Carly Smith (USA)

최근 몇 년 동안 부의 문제에 대해 탐구해왔다. 그런데 '부'에 대한 당신의 접근은 정말 특별하다. 지금 나를 가장 흥분시키는 것은 '부를 느끼고 끌어당기는 것'에 대한 배움을 끝냈다는 것이다. 친구들에게도 당신의 책을 추천하고 있다. 인생에 대한 당신의 시각은 진짜로 나에게 세계를 이해하는 '새로운 창문'이 되었다.
Adalia Iglesias (Spain)

한 달 전까지만 해도 나는 내적으로 빈곤한 상태였다. 오늘 나는 마음속 깊이 뿌리박고 있던 잘못된 믿음들을 모두 물리쳤다. 내 삶에 펼쳐져 있는 무한한 풍요에 대해서 이제는, 안다!
Sarah Elle (Canada)

이 책은 마음가짐을 바꾸는 것에 대해 그 동안 읽은 서른 권의 책보다 더 큰 교훈을 주었다.
Susan Cady (USA)

차례

이 책을 먼저 읽은 해외 독자들의 리뷰   4
프롤로그 과연 나도 부자가 될 수 있을까?   13

1
부를 끌어당기는 힘, Having

1 부와 행운을 가져다주는 운명   27
2 구루를 찾아서   34
3 재회   41
4 Having   45
5 Having의 비밀   50
   — Having으로 위기를 벗어난 사업가   56
6 누구나 부자가 될 수 있다   58
   — 아름다운 꽃을 피웠구나   65
7 불안에서 벗어나는 방법   67
8 낭비와 과시   72
   — 구루 스토리 구루의 길   78

2

돈을
끌어오는 사람
vs
돈을
밀어내는 사람

9	베로나의 햇살	85
10	**진짜 부자**	90
	— 일본 '경영의 신'이 말하는 세 가지 은혜	96
11	**가짜 부자**	98
	— 부자의 금덩이	103
12	**돈을 끌어당기는 힘**	104
	— Having으로 섬을 산 남자	110
	— 아버지가 남긴 유산, Having	113
13	**귀인**	117
	— 진짜 부자와 가짜 부자의 귀인	124
	— 구루 스토리 고등학생 구루가 되다	127

3

감정에 답이 있다

14	**Having을 시작하다**	135
15	**소비할 때의 마음**	141
16	**새로운 키워드**	149
	— 그릇을 채우다	155
17	**감정의 힘**	158
	— 턴어라운드	165
18	**Having 신호등**	168
	— 구루 스토리 비바람이 치다	176

4

불안에서 해방되려면

19 빨간불	183
20 진정한 편안함	189
21 부의 근력을 키워라	196
— 더 적은 재산을 물려받아도	202
22 아무리 애써도 여전히 불안하다면	205
— 꿈을 이루다	212
23 간절히 원하면 이루어지지 않는다	216
24 Having 노트	221
— 구루 스토리 날개를 펼치다	228

5

행운의 법칙

25 인생의 변화	235
26 행운이 찾아오다	243
27 완벽한 휴가	250
28 운의 법칙	257
— 행운의 사나이	263
29 운의 흐름을 탄 사람들	265
30 무의식은 알고 있다	272
31 '있음'을 입력하라	277
— Having으로 운명의 상대를 만나다	281
32 상생	284
— 구루 스토리 행운의 여신	290

6

행운의 길을 걷다

33 대나무 숲	297
34 악연에 빠지는 이유	303
— 꿈이 클수록 기다림도 길다	309
35 토성 리턴	311
— 시련을 기회로	317
36 고정관념을 깨라	319
— 나이가 많아도	326
37 부자가 되기 어려운 세상	329
38 매트릭스를 탈출하라	335
39 진정한 나 자신의 목소리를 듣다	341
40 새로운 길이 나타나다	347

프롤로그

과연 나도 부자가 될 수 있을까?

"그녀는 사람들을 부와 행운의 길로 인도해주는 운명이다."

신문에서 읽은 그 한 구절이 머릿속을 떠나지 않았다. 나는 창밖으로 눈을 돌렸다. 비행기 날개 아래로 이름 모를 산맥들이 끝도 없이 펼쳐졌다. 나는 '행운의 여신'이라 불리는 한 여성을 만나기 위해 유럽으로 가는 길이었다. 그곳에서 만나게 될 사람, 그녀는 많은 이에게 행운을 가져다주는 사람으로 알려졌다.

이름은 이서윤. 마음가짐의 대가 master of mindset, 통찰력의 여왕 insight queen, 비저너리 인 치프 visionary-in-chief… 모두 그녀

에게 붙은 별칭이었다. 매혹적이고 신비로운 분위기의 동양 여성인 서윤을 향해 서양인들은 구루guru라는 칭호를 붙여 부르곤 했다. 존경하는 정신적 지도자라는 의미를 담아 경애와 믿음의 마음을 전하는 것이다.

서윤이 특별한 삶의 길을 걷게 된 것은 일곱 살 때부터였다. 어린 나이에 동양의 고전을 마스터하고 수만 명의 데이터를 구해 사례 분석까지 마친 그녀는 '부자들의 구루'로 이름을 알리기 시작했다. 이십 대에는 서양의 고전을 흡수하며 통찰의 폭을 넓혀갔으며 미국, 유럽 등지를 찾아가 그곳의 스승들과 지혜를 나누었다. 서윤의 명성을 듣고 찾아온 이들은 대기업의 창업주나 주요 기업의 경영인, 대형 투자자 등 상위 0.01%에 속하는 부자들이었다. 그들 사이에 그녀의 이름은 귀하고 비밀스러운 정보였다. 그들은 서윤에게 자문을 구한 뒤 일생일대의 기회를 잡거나 최고의 자리에 오르는 등 인생의 퀀텀 점프quantum jump를 이루어냈다.

신문 기사에 따르면 서윤의 운명을 가장 처음 알아본 사람은 그녀의 할머니였다. 중국인들을 상대로 포목 사업을 하던 할머니는 사주와 관상을 보는 일에 능했다. 중국 상인들은 거래에 앞서 상대의 사주를 보는 관례가 있었고,

그렇게 익힌 운명학(역학)으로 손주들의 운을 살펴보던 중 할머니는 깜짝 놀라지 않을 수 없었다. 어린 손녀 서윤이 매우 특별한 운명을 타고난 아이였기 때문이다. 기사에 따르면 할머니는 그때 이렇게 말했다고 한다.

"이 아이는 내가 운을 다루는 공부를 시키겠다. 이 공부를 하면 사람들에게 큰 도움을 줄 수 있을 것이다."

서윤을 만나게 되면 꼭 묻고 싶은 것이 있었다. 어떻게 해야 부와 행운의 길로 들어설 수 있을까? 어떻게 하면 행복한 부자로 살 수 있을까? 사실, 몇 달 전 세상을 떠난 아버지는 나에게 이런 부탁을 남기셨다.

"현재를 희생하지 말고 진정한 부자로 살려무나. 그 방법을 찾아 너의 삶을 누리렴."

부모로부터 큰 재산을 물려받은 것도 아니고 탁월한 능력을 지닌 것도 아닌 내가, 현재를 희생하지 않고 부자가… 과연 될 수 있을까? 아버지의 마지막 부탁을 이루어드릴 수 없을 거라 생각했던 나에게 한 동료가 그 사람이라면 방법을 알 거라 말해주었다. 바로, 부자들의 구루, 이서윤.

그녀에 대해 알아갈수록 나는 불안한 마음만 커졌다. 정재계 인사들도 만나기 힘든 사람이라는데, 나처럼 평범한 사람이 과연 만날 수나 있을까? 수소문해 어렵게 찾아낸 그녀의 행방을 좇아 비행기에 올랐지만 그녀가 다시 신기루처럼 사라졌으면 어쩌지? 그녀를 만나지 못한다면 나는 어떻게 해야 할까?

잡념을 떨치기 위해 앞좌석에 달린 테이블을 내리고 노트를 펼쳐 그녀에게 질문하고 싶은 것들을 하나씩 써 내려갔다.

'부자가 되는 방법은 무엇일까?'

'오늘을 희생하지 않고 현재를 즐기면서도 부자가 될 수 있을까?'

'부자가 될 수 있다면 언제 어떻게 돈이 들어오기 시작할까?'

'나처럼 평범한 사람은 어느 정도의 재산을 가질 수 있을까?'

'과연 나도 부자가 될 수 있을까?'

질문들을 적으며 노트에 집중하고 있는 사이 비행기가 서서히 고도를 낮추기 시작했다. 순간 본능적인 예감이 들었다.

'그녀를 만나고 나면… 지금과는 다른 삶이 펼쳐질 거 같아.'

○ ○ ○

아버지는 굴비를 좋아하셨다. 생신 때나 명절 때 가장 드시고 싶은 것이 무엇이냐고 물어보면 늘 똑같은 대답을 하셨다. 굴비라고. 어릴 적 친척집에서 먹어본 짭짤하고 입맛을 당기는 그 감칠맛이 잊히지 않는다는 것이다. 말씀하실 때마다 그 맛이 또 생각나시는지 입맛을 쩝쩝 다시고는, 굴비를 천장에 달아놓고 바라보기만 했던 자린고비 이야기를 덧붙이시곤 했다.

"그렇게 아끼고 절약해야 한다."

아버지에게 자린고비 이야기는 여전히 절약의 미덕, 그 대명사였다. 이제 그런 이야기는 웃음의 소재일 뿐이라고 말하고 싶었지만, 실제로 아버지는 평생 천 원 한 장 허투루 쓰지 않으셨기에 차마 토를 달 수 없었다. 굴비를 마음껏 사드셔도 될 돈이 생긴 이후에도 아버지는 스스로 한 번도 굴비를 사지 않으셨다.

아버지가 유년 시절을 보냈던 1950년대는 온 나라가 찢어지게 가난하던 시기였다. 뾰족한 생계 수단이 없었던 아버지의 가족은 매일 배를 곯으며 끼니를 걱정해야 했다. 징집을 피해 숨어 있던 할아버지를 대신해 밖에 나가 음식을 찾는 일은 아버지와 몇 살 더 많은 큰아버지의 몫이었다.

먹을 것을 구하기 위해 어린 형제는 개미처럼 바지런히 돌아다녔다. 밤이 되면 고양이처럼 살금살금 기어나가 곡식 낟알을 주워 왔다. 낮에는 몸집보다 큰 가방을 둘러메고 길거리에서 아이스크림을 팔았다. 쌀겨로 만든 희멀건 죽은 먹어도 먹어도 허기가 졌다. 아이들이 파는 아이스크림은 팔리는 날보다 팔리지 않는 날이 더 많았다. 녹아버린 아이스크림을 짊어지고 집으로 터덜터덜 걸어가는 날이면 아버지의 눈에서는 눈물부터 나왔다고 한다. 저녁을 굶어야 한다는 사실이 너무나 두려웠기 때문이었다.

돈에 대해 공포와 불안을 느끼게 된 것도 그때부터였다. 어린 아버지에게 가난이란, 배고픔과 두려움 그리고 잠재적인 죽음을 의미했다. 세월이 흘러 끼니를 걱정하지 않는 시절을 맞이하게 된 이후에도 아버지는 입버릇처럼 말씀하곤 했다. 다시 한 번 그때처럼 가난해지느니 차라리 죽어버리겠다고.

고통스러운 배고픔의 기억 때문인지 아버지는 평생 허리띠를 졸라매고 살았다. 퇴직 후 충분히 먹고살 만큼의 돈을 마련한 뒤에도 그 습관은 변하지 않았다.

"언제라도 가진 것을 다 잃고 무일푼이 될 수 있다. 돈은 쓰라고 있는 것이 아니다. 저축하라고 있는 것이지."

이 말을 기도문처럼 읊으며 늘 수도승 같은 생활을 하셨다.

세수하고 난 물은 양동이에 모았다가 변기 물 내릴 때 썼다. 옷을 사 입는 일은 손에 꼽을 정도였다. 싸구려 벽돌색 잠바 하나로 10년도 넘게 겨울을 났으니 더 말해 무엇하랴. 사실 아버지가 그 옷을 가장 많이 입은 장소는 집이었다. 난방비를 아끼기 위해 그 낡아빠진 잠바로 추위를 견뎌냈기 때문이다.

절약이 몸에 배다 보니 돈이 드는 일은 일절 하지 않으셨다. 아침에는 맨손 체조 후 혼자 바둑을 두셨다. 점심은 집 근처 복지관에서 해결했고 오후에는 강변을 산책하셨다. 외출했다 집에 돌아올 때는 빈손으로 오는 법이 없었다. 재활용 수거함이나 이사 간 집들을 기웃거려 버려진 옷이나 신발, 가전제품 등을 주워왔다. 그렇게 모인 잡동사니는 방 하나를 가득 채웠고, 고물상 같은 그 방은 아버지에게 보물상자가 되었다.

그렇게 평화로운 생활을 보내던 아버지에게 그날은 예고 없이 찾아왔다. 몸무게가 갑자기 줄어서 병원을 찾았다가 청천벽력 같은 말을 들은 것이다.

"췌장암입니다. 벌써 많이 진행이 되었네요. 수술은 힘들겠습니다."

아버지가 암이라니. 믿기지가 않았다. 어떻게 해야 하지? 무얼 할 수 있을까? 머릿속이 뒤엉키는 와중에 굴비가 떠올랐다. 아버지가 가장 좋아하시는, 그러나 돈을 아끼느라 자주 드시지 못한 그 굴비 말이다. 당장 백화점으로 달려가 진열된 상품 중 가장 좋은 것을 골랐다. 열 마리에 30만 원. 나는 앞으로 이걸 몇 번이나 더 보낼 수 있을까?

하지만 그것은 내가 보낸 마지막 굴비였다. 무서운 속도로 자란 암세포가 소화기관을 눌러버렸기 때문이다. 굴비를 받은 지 몇 주 지나지 않아 아버지는 더 이상 음식을 소화시킬 수 없게 되었다.

암이 발병한 것을 알고도 아버지는 놀라울 정도로 한결같았다. 아끼고 절약해야 한다는 그 오랜 믿음을 고수한 것이다. 여전히 쓰고 난 세숫물은 양동이에 모았고 가장 싼 사진관을 찾아 영정사진을 찍었다. 무엇보다 고집을 부리신 건, 암 병동에 입원했을 때 6인실에 머무르겠다는 것이었다. 입원비가 하루 만 원 정도인 그곳에서 아버지는 가족과 편하게 이야기를 나누지도 못했고, TV 채널을 마음대로 고르지도 못했다. 자식 생각도 해달라고 아버지에게 화도 내보고 설득도 해보았지만 아버지에게는 다 쓸데없는 돈 낭비일 뿐이었다.

6인실 침대에 누워 아버지가 잠 못 이루고 근심한 것은 역시 돈 문제였다. 그런데 이번에는 자신의 돈이 아닌 자식들의 돈이 걱정이었다.

"너희들이 가난하게 살까 봐 두렵다. 내가 이제 너희에게 도움을 줄 수도 없지 않느냐. 얼마나 절약하고 얼마나 저축할지 계획표를 세워 와라. 5년, 10년 단위로 자세하게 만들어 가지고 오너라."

병상의 아버지 말씀을 거역할 수가 없었다. 아버지를 안심시키기 위해 수입과 비용을 분석한 뒤 소비를 줄이고 저축을 늘리겠다는 계획표를 완성했다. 침상에 누운 아버지는 종이에 적힌 숫자를 확인한 뒤 말없이 고개를 끄덕였다.

가을이 깊어갈수록 아버지의 병세는 점점 악화되었다. 다리와 발은 통통 붓기 시작했고 등은 뼈가 다 보일 정도로 야위어 갔다. 갈수록 말수도 줄어들었다. 병실을 찾아갈 때마다 아버지는 구부정하게 허리를 굽히고 앉아 창밖만 내다보고 있었다. 그때 무슨 생각을 그토록 골똘히 하셨는지 몇 주가 지나고서야 알게 되었다.

크리스마스를 앞둔 어느 날이었다. 병원에 있는 아버지

로부터 전화가 걸려왔다. 꼭 해야 할 말이 있다는 것이었다. 황급히 달려간 나를 보고 아버지는 손부터 잡으셨다. 이제 와 생각해보면 아버지는 그때 어떤 예감을 한 것도 같았다.

"나는 부자가 되는 것이 평생 소원이었다. 그래서 아끼기만 했지. 그러나 결국 이루지 못했구나. 돌이켜보면 후회도 된다. 아끼는 것만 생각하느라 행복한 순간순간을 놓친 건 아닌지…. 그동안 너에게 절약하라고 했던 말을 이제 모두 거두고 싶구나. 현재를 희생하지 말고 진정한 부자로 살려무나. 그 방법을 찾아 너의 삶을 누리렴."

뭐라고 답해야 할지 몰라 나는 그 자리에서 고개만 끄덕였다. 하지만 며칠 후 점점 의식이 희미해져 가는 아버지 옆에서 나는 본능적으로 느낄 수 있었다. 이제 시간이 얼마 남지 않았다는 것을. 나는 아버지의 손을 붙잡고 온 마음을 담아서 말했다.

"아빠, 걱정하지 마세요. 아버지가 말씀하신 대로 제 삶을 누리는 행복한 부자로 살게요. 그 방법을 꼭 찾을게요. 맹세해요."

초점 없이 천장을 바라보는 아버지의 눈에 눈물이 차올랐다. 그리고 할 일을 마쳤다는 듯 아버지는 그날 밤 돌아가셨다.

  장례를 치르고 부모님 집에서 유품을 정리하는데, 냉동실 구석에서 굴비 다섯 마리가 우르르 쏟아져 나왔다. 꽁꽁 얼어붙은 그 생선을 보는 순간 그동안 참았던 눈물이 왈칵 터져 나왔다. 그토록 좋아하던 굴비를 열 마리도 다 드시지 못하다니. 아버지는 누구를 위해, 무엇을 위해 평생 참기만 하신 걸까? 그리고 어떤 생각으로 나에게 진정한 부자가 되는 방법을 찾으라고 하신 걸까? 한참을 울다가 눈물을 훔치며 나는 굳게 결심했다.

  '나는 아버지처럼 현재를 희생하며 살지 않겠어. 아버지 부탁대로 지금 이 순간을 누리며 행복을 놓치지 않는 부자로 살겠어. 그런 삶을 살기 위해 진정한 부자가 되는 방법을 반드시 찾아내고야 말겠어.'

부를 끌어당기는 힘, Having

1

1
부와 행운을 가져다주는 운명

내 마흔 번째 생일이 돌아왔다. 아버지를 떠나보낸 데다 사십 대가 되고 나니 모든 것이 이전과 달라 보였다. 내가 살아온 삶은 누가 봐도 무난함 그 자체였다. 자수성가한 아버지 덕분에 괜찮은 환경에서 교육을 받았고 신문사에서 10년 가까이 기자로 일했다. 미국 펜실베이니아 대학에서 경영학 석사MBA를 받은 뒤 지금은 미국계 회사에서 대외협력 업무를 맡고 있다.

크게 성공한 것도 아니었지만 크게 실패하지도 않은 인생이었다. 매달 꼬박꼬박 월급이 들어왔고 직장에서는 적당히 인정도 받았다. 마음이 따뜻한 남자와 결혼해 아들도 하나 두었다. 솔직히 말해 먹고사는 문제로 걱정해본 적은 없었다. 하지만 그렇다고 돈 걱정 없이 살아본 적도 없었다.

내 생활은 항상 빠듯하기만 했다. 만 원 한 장 편하게 쓰지 못했다. 신문이 배달되면 할인 쿠폰부터 오려냈고 저렴하게 장을 보기 위해 문 닫는 시간에 맞춰 마트에 갔다. 주유소마다 기름값을 비교하는 것은 기본이었고 아이가 자라면서 필요한 육아용품, 학용품은 몇 시간이 걸려도 최저가를 찾아내곤 했다. 남들보다 비싸게 구매하는 건 스스로 용납할 수 없었다. 혹시라도 비싸게 샀다는 걸 알게 된다면? 쇼핑몰에 영수증을 보내고 전화기에 몇 시간을 매달려서라도 반드시 환불을 받아냈다.

아무리 아껴도 월급은 통장을 스치고 지나가는 것만 같았다. 경제적 여유를 누리기는커녕 적자가 아닌 걸 다행으로 여길 뿐이었다. 내일을 위해 오늘을 희생해온 내 인생. 과연 그 내일이 오기는 오는 걸까? 남은 인생도 이렇게 살고 싶느냐고 누군가 묻는다면? 답은 분명했다. 아니요!

아버지를 떠나보낸 뒤, 부자가 될 수 있는 방법을 본격적으로 찾기 시작했다. 다양한 자료를 뒤졌고 기자 시절 알던 네트워크까지 총동원했다. 하지만 모두 같은 답만 돌아올 뿐이었다. 부로 오르는 사다리가 무너졌다는 것이다.

"피케티가 말한 것처럼 자본 성장률이 이미 경제 성장률을 추월했어요. 아무리 개인이 노력한다 해도 상속재산이 있는 사람을 따라잡을 수는 없어요."

"일자리가 점점 줄어들 겁니다. 인공지능이나 로봇이 그 자리를 대체하겠죠. 부자가 되는 것은 자본가들뿐이에요. 평범한 사람들은 더 가난해질 수밖에 없어요."

취재하면서 만난 젊은이들도 나와 같은 마음이었다. 그들도 부자가 되는 방법을 간절하게 알고 싶다고 했다.

"부모님께선 늘 같은 말씀이세요. 아끼고 저축하라는 거죠. 하지만 부모님처럼 살고 싶지는 않아요. 미래를 위해 지금을 희생하는 삶을 살고 싶지는 않아요."

"월급이 나오면 뭐 하나요? 집세에, 학자금 대출에, 생활비까지 빠져나가고 나면 끝인데요. 결혼해서 아이까지 낳으면 돈이 더 들어가겠죠? 당연히 나를 위해서는 한 푼도 못 쓸 거예요. 집을 사는 거요? 꿈도 못 꿀 일이죠."

"갈수록 부자 되는 것이 힘들어진다고 하잖아요. 그런데 실제로는 부를 쌓은 사람들이 더 많아 보이는 것 같아요. 그들의 비밀은 뭘까요? 저도 부자가 될 수 있을까요?"

누구에게 물어도 돌아오는 것은 절망뿐이었다. 그때 누군가 알려주었다. 답을 아는 이가 있다고. 바로 부자들의 구루였다. 그 이야기를 듣는 순간 불이 번쩍 들어오는 것 같았다. 10년 전에 나도 그녀를 만난 적이 있었다.

당시 나는 한 신문사에서 주말팀 기자로 일하고 있었다. 주말에 가볍게 읽을 기사를 쓰는 것이 내 일이었다. 다른 기자들과 함께 와인 모임에 갔을 때 흥미로운 이야기 하나를 들었다. '부자들의 구루'가 있다는 것이다. 이름은 이서윤. 대단한 부자들이 추종한다는 그녀는 명문대를 졸업한 이십 대 여성이었다.

그녀에 대한 이야기는 들을수록 놀랍기만 했다. '부와 행운을 주는 운명'으로 할머니에게 낙점된 뒤 사주四柱를 배우기 시작한 것이 일곱 살. 이후 동서양에 전해지는 고전을 스스로 깨우치며 수만 건에 달하는 사례를 직접 분석했다고 한다. 그녀와 이야기를 나눈 세계적인 기업가들도 감탄을 금치 못했다고 한다. 어디서도 보지 못한 통찰력이라고 하면서.

"엄청 재미있는 이야기네. 어떤 분인지 더 듣고 싶은데?"

내가 깊은 관심을 보이자 동료는 와인을 한 모금 더 마시고는 말을 이어갔다.

"그녀를 만난 사람들이 공통적으로 하는 말이 있어. 구루에게 찾아간 뒤 인생이 바뀌었다고. 행운을 만났고, 기회를 잡았고, 결정적으로 더 부자가 되었다고."

본능적인 감이 왔다. 이건 좋은 기삿거리다! 인터뷰를 평계로 직접 그녀를 만나보고 싶은 마음도 있었다. 도대체 어떤 사람일지, 너무도 궁금했기 때문이다. 백방으로 수소문한 끝에 어렵게 약속을 잡을 수 있었다.

인터뷰 날이 되었다. 건물 로비에 서서 그녀를 기다리고 있었다. 커다란 유리문이 열리며 누군가 들어왔다. 누구나 인생에서 바로 어제처럼 기억나는 순간이 있다. 당시의 공기와 분위기, 소리까지 생생하게 떠오르면서. 처음 서윤을 만나던 때도 그랬다. 나는 지금도 그날을 잊을 수 없다.

문에 들어서는 그녀의 모습이 선명하지는 않았으나 그녀가 구루임을 한눈에 알아볼 수 있었다. 주변에 흐르는 공기가 달랐던 것이다. 새벽 안개에 휩싸인 듯 신비로운 분위기가 감돌았다. 수많은 사람들을 만났지만 이런 느낌은 처음이었다. 잔뜩 긴장한 나는 얼어붙은 듯 서 있었다.

서윤이 내 앞으로 다가와 손을 내밀고 악수를 청했다.

"홍주연 기자님이시죠? 만나서 반가워요."

잠시 머뭇거린 뒤 입을 열었다.

"아… 안녕하세요. 어떻게 불러드려야 할지…."

"제 이름으로 부르시면 돼요."

달콤한 음악처럼 들리는 목소리였다. 긴 팔다리에 하늘하늘한 몸매의 서윤은 우아하고 당당한 자세로 서 있었다. 우윳빛 동그란 얼굴과 반듯한 코, 미소 지을 때마다 반짝이는 아몬드 모양의 눈까지… 전형적인 미인이라고 할 수는 없었지만 우아하고 매혹적인 모습이었다. 서윤은 이십 대 후반인 실제 나이보다도 훨씬 어리게 보였다. 신비로운 광채를 띠고 있는 그 눈빛만 빼고.

그날의 인터뷰는 마치 마법처럼 흘러갔다. 대화에 흠뻑 빠진 나머지 아무것도 보이지 않을 정도였다. 그녀는 카리스마 넘치게 대화를 이끌다가 지혜롭게 답을 주었고, 이해하기 쉬운 말로 내 마음을 위로해주었다.

인터뷰가 끝날 때쯤 마지막으로 궁금한 것을 물어보았다.

"앞으로 어떤 계획이 있으신지요?"

"국내외 부자 수만 명의 사례를 종합해서 부와 마음가짐 사이의 상관관계를 분석하고 있답니다."

"우와, 말씀만 들어도 가슴이 설레는데요? 그 과업이 완성되면 부자들의 비밀이 밝혀지겠어요!"

헤어지기 직전에 서윤이 내 손을 살짝 잡았다.

"아직 인식하지 못하겠지만 홍 기자님은 지금 새장 속에 갇혀 있어요. 10년 안에 그 새장을 탈출하려고 한다면 우리는 다시 만날 수 있을 거예요."

무슨 말인지 알 수가 없었기에 뭐라고 답을 하지 못했다. 하지만 10년이 흐른 지금 다시 만날 수 있을 거라는 그 말이 음악처럼 생생하게 내 귀를 울리고 있었다.

그녀는 지금 어디에 있을까? 나에게 했던 말을 기억하고 있을까?

2

구루를 찾아서

구루의 근황을 알아내기 위해 나는 인터넷을 맹렬하게 검색하고 주변을 탐문했다. 나와 만난 이후 서윤은 저술 및 강연 활동에 몰두한 것 같았다. 통찰력이 깊어질수록 명성도 높아졌고 자연히 따르는 사람들도 늘어난 듯했다. 그녀를 만나기 위해서는 2년 이상 기다려야 한다고들 했으니깐. 경제 위기가 닥치거나 대기업의 인사가 있을 때면 그녀의 집 앞은 사람들로 북새통을 이룬다고 했다.

그런 서윤이 최근 들어 자취를 감추었단다. 예전처럼 부자들의 자문에 응하지 않는다는 것이었다. 곤경을 겪은 것은 그녀에게 의지했던 사람들이었다. 자문 받는 데 실패한 대기업 임원들이 연말 인사에서 줄줄이 해고되었다는 말도 있었고, 집 앞에서 진을 치던 정치인들도 결국 그녀를 만나지 못해 낭패한 얼굴로 돌아갔다는 이야기도 들려왔다.

그녀가 어디 있는지에 대해서는 온갖 추측만 무성했다. 그중 가장 신빙성 있는 소문은 그녀가 놀라운 결과물을 준비하고 있다는 말이었다. 수십 년에 걸쳐 상담하고 연구한 성과가 드디어 집대성되고 있다는 것이었다. 해외에서 요양 중이라는 말도, 유럽에서 은둔 중이라는 소식도 들려왔다. 일본에서 부자들의 자문에 응하는 모습을 목격했다는 사람도 있었다.

검색 결과 가장 최근에 실린 인터뷰에서 서윤은 미소를 반짝이며 이렇게 말하고 있었다. "수만 명의 데이터를 종합해서 그 비밀을 분석해보니 답은 하나로 통하고 있었어요." 하지만 그 답이 무엇인지 적혀 있지는 않았다. 드디어 부자들의 비밀이 밝혀진 것일까? 마음이 급해졌다. 가능하면 빨리 그 답을 듣고 싶었다. 간신히 이메일 주소를 알아낸 뒤 나는 온 마음을 다해 편지를 썼다.

먼저 10년 전의 만남을 언급하며 나를 기억하는지 물었다. 아버지가 남긴 유언을 지키기 위해 부자가 되고 싶다는 말도 덧붙였다. 그 답을 아는 이는 오직 하나, 구루뿐이라고도. 돌이켜보면 10년 전 딱 한 번 만난 이에게 너무 많은 걸 이야기하고 부탁하는 것도 같았다.

메일을 보내기 전 눈을 감고 간절하게 두 손을 모았다.

'제발, 제발… 서윤에게 닿기를….'

마우스를 클릭했고, 메일은 어딘가로 날아갔다. 이제 모든 것이 내 손을 떠났다.

그렇게 며칠이 지났다. 대학 합격 발표를 기다릴 때보다 더 떨리는 나날이었다. 핸드폰이 울릴 때마다 가슴이 쿵쾅거렸다. 서윤이 내 메일을 봤을까? 나를 기억하지 못하면 어쩌지? 생각할수록 머리만 복잡해졌다.

일주일쯤 지난 뒤, 휴대전화에 새 메일 표시가 떠 있는 것이 보였다. 서윤이 보낸 답장이었다! 놀랍고도 기쁜 나머지 나는 그 자리에서 용수철처럼 벌떡 일어났다.

"이렇게 소식을 듣게 되어 반가워요. 물론 기억하고 있지요. 여기까지 오시느라 수고하셨어요."

연락이 올 걸 알았다는 듯 차분한 문장이었다. 서윤은 아버지를 여읜 것에 대해 따뜻한 위로를 건넨 뒤 자신이 지금 유럽에 머물고 있다고 전했다. 그다음에 쓰인 문장은 몇 번을 읽고도 믿기 힘들 정도였다. 온몸에 짜릿한 전율이 지나갔다.

"이제 때가 되었어요. 세상에 우연은 없다고 말했던 것, 기억하세요? 이 모든 것은 오랫동안 준비된 하나의 기적이랍니다."

언제든 찾아와도 된다는 말이었다. 그 문구를 읽자마자 나는 자리를 박차고 일어났다. 컴퓨터를 켜고 답장을 쓴 뒤 곧장 이탈리아행 티켓을 예약했다.

○ ○ ○

서울을 떠난 지 열두 시간 후, 비행기는 밀라노 공항에 착륙했다. 서윤이 머무는 호텔은 아름다운 경치로 유명한 코모 호수 인근이었다. 공항에서 차를 빌린 뒤 나는 곧장 그곳으로 향했다. 고속도로 위를 달릴 때 문득 10년 전 기억 하나가 떠올랐다.

인터뷰를 마친 서윤과 나는 잠시 커피를 마시며 이야기를 나누고 있었다. 당시 내게는 고민하던 문제가 하나 있었다. 기자를 계속할지, 아니면 유학을 떠나 공부를 더 해야 할지에 대한 것이었다. 무엇이 내게 더 도움이 될지 묻고 싶었으나 막상 질문하려니 망설여졌다.

'유명한 부자들도 한참을 기다려야 만날 수 있다는 사람인데… 인터뷰를 핑계로 개인적인 고민을 묻는 건 실례가 아닐까? 하지만 나에게는 너무 중요한 문제잖아…. 이번이 아니면 기회가 없을지도 몰라.'

갈피를 잡지 못하고 망설이던 중 서윤과 눈이 마주쳤다. 그 눈을 마주하는 순간 마음이 편안해졌다. 나를 무조건 긍정하는 눈빛이었기 때문이다. 어떤 질문을 해도 나를 비난하거나 평가하지 않을 것 같았다.

망설임을 끝내고 물었을 때, 서윤은 이야기 하나를 들려주었다. 불교 경전에 나오는 '안수정등岸樹井藤'이란 우화였다.

달려드는 코끼리를 피해 도망가던 남자가 우물을 만났다. 등나무 줄기를 붙잡고 우물 아래로 내려가자 바닥에는 구렁이들이 입을 쩍 벌리고 있는 것이 아닌가? 머리 위를 올려다보니 설상가상으로 흰 쥐와 검은 쥐가 나무 줄기를 갉아먹는 중이었다. 그때 머리 위로 무언가 떨어졌다. 손가락으로 찍어 맛을 보니 달콤한 꿀이었다. 남자는 죽을 위기에 처한 것도 잊고 정신없이 꿀만 받아먹었다.

나를 바라보며 서윤이 부드럽게 물었다.

"이 사람이 어떻게 위기에서 벗어날 수 있을까요?"

"이 상황에서 꿀에 정신이 팔려 있다니… 죽는 것 말고는 다른 길이 안 보이네요."

내 답을 귀 기울여 들은 서윤은 대답했다.

"방도는 하나. 줄을 타고 올라가 코끼리와 싸우는 수밖에요. 일단 마음을 먹으면 두려워한 것보다 어렵지 않을 거예요. 그리고 승자 앞에는 장엄한 대지의 광경이 펼쳐지죠."

그 말을 듣는 순간 내 안에 있던 두려움이 먹구름 걷히듯 사라졌다. 희망이 태양처럼 솟아오르면서 도전할 용기도 생겨났다. 몇 달 후, 나는 경영학 공부를 하기 위해 미국으로 떠나는 비행기에 올랐다.

지난 10년 동안 시련을 겪을 때마다 내 머릿속에 떠오른 것은 서윤의 조언이었다. 그녀가 말한 그대로였다. 진퇴양난이라고 생각했던 순간에도 마음만 먹으면 코끼리를 물리치는 건 생각보다 어렵지 않았다. 줄을 타고 위로 올라갈수록 두려움은 사라졌고, 놀랍게도 세상은 조금씩 다른 모습으로 다가왔다. 이 얼마나 귀중한 조언이었던가. 그럴 때마다 나는 내면까지 꿰뚫어본 그녀의 통찰력에 감탄할 수밖에 없었다.

추억에서 깨어나 보니 어느덧 코모 시내에 들어서고 있었다. 물감을 풀어놓은 듯 푸른 하늘과 작은 성당, 붉은 지붕을 올린 집들이 눈에 들어왔다. 시가지를 벗어나자 아름다운 호수가 시야 가득 펼쳐졌다. 호수 위로 반사되는 지중해 햇살은 마치 한 폭의 그림 같았다. 내 마음도 점점 부풀어 올랐다.

'벌써 10년이 지났구나. 서윤은 어떤 모습을 하고 있을까? 그동안 어떤 일들이 있었을까?'

차는 곧 약속 장소에 도착했다. 대저택처럼 호화롭게 장식된 호텔이었다. 로비에서 바라보이는 호수 경치는 걸음을 멈추게 만들었다. 이런 곳에 머물기 위해서는 얼마의 비용이 들까. 휘황찬란한 로비에 서 있는 나는 조금 위축이 되었다. 내가 입은 검정 재킷과 흰 셔츠는 어쩐지 이곳과 어울리지 않은 듯했다. 나는 잔뜩 긴장한 채 애꿎은 노트북 가방만 부여잡고 서 있었다.

그때였다. 어디선가 호수처럼 잔잔하고 투명한 음성이 들려왔다.

"멀리 오시느라 고생 많으셨어요."

3

재회

목소리가 들려오는 곳을 향해 돌아서자 호수를 배경으로 서 있는 한 사람의 실루엣이 보였다. 반짝이는 호수가 등 뒤에 있어서인지 얼굴이 선명하게 보이지 않았다. 하지만 누구인지는 한눈에 알아볼 수 있었다. 10년 전 그때와 마찬가지로 주변 공기가 달랐기 때문이다.

서윤은 어깨선이 드러나는 무릎 길이의 블랙 원피스 차림이었다. 흑갈색 머리카락은 부드럽게 물결치고 있었다. 키가 크지는 않았지만 그녀에게는 남다른 존재감이 있었다.

그녀가 천천히 다가왔다. 놀랍게도 그 몇 초 동안 서윤이 계속 다르게 보였다. 꽃이 만개한 봄, 정열의 여름, 낙엽

이 내리는 가을과 차가운 겨울. 이 모든 계절이 그녀의 눈 속에서 차례차례 지나갔다.

"오랜만에 인사 드리게 되었네요. 바쁘실 텐데 이렇게 시간을 내주셔서 감사합니다."

떨리는 가슴을 억누르며 인사말을 건넸다. 내 앞에서 걸음을 멈춘 그녀에게서는 자스민과 머스크를 합친 듯한 고혹적인 향기가 풍겨왔다. 강렬하면서도 편안했다.

"생각보다 얼굴이 좋으시네요. 다행이에요."

따뜻한 그 한마디 말에 하마터면 눈물이 나올 뻔했다. 순간 아버지를 잃은 슬픔이 떠올랐기 때문이었다.

은은하게 미소를 지으며 서윤은 나를 자신이 머무는 스위트룸으로 안내했다. 그녀가 전화기를 들고 커피를 주문하는 사이 나는 방을 이리저리 둘러보았다. 오크톤 가구 한가운데 붓으로 물감을 콕 찍어놓은 듯 짙은 보라색 소파가 놓여 있었다. 창밖으로 보이는 호수는 또 다른 아름다움으로 반짝였다. 서윤이 은둔했다는 장소가 혹시 여기일까?

"정말 아름다워요. 그동안 이곳에 머무르셨던 건지요?"

그녀는 부드럽게 고개를 저었다.

"아니요. 저도 사흘 전에 도착했어요."

"그러시군요. 연락이 닿지 않는다고 애태우는 사람들이

많던데…."

서윤은 내 팔을 다정하게 토닥이며 말했다.

"그래도 만날 사람은 이렇게 만나게 되네요."

그 순간, 마법에 걸린 듯 마음의 빗장이 풀려버렸다. 아버지를 떠나보낸 슬픔과 지금의 삶에 대한 절망과 막막함, 임종 전 아버지와 나눈 약속까지, 모든 걸 털어놓게 된 것이다. 나도 모르게 눈물이 흘렀다. 아버지가 돌아가신 뒤 남들 앞에서 울어본 적이 없었는데…. 그녀를 만나자 신기하리만치 내 아픔에 솔직해질 수 있었다.

서윤은 울고 있는 내 손을 따뜻하게 잡아준 뒤 조용히 손수건을 건넸다. 따뜻하고 사려 깊은 눈빛이었다.

"있는 그대로의 슬픔에 충분히 머무르는 것이 중요해요. 그래야 슬픔이 고여 있지 않고 강물처럼 흘러가게 되죠."

눈물을 참지 않자 마음이 후련해지고 편안해졌다. 나는 솔직한 심정을 이어 고백했다.

"아버지가 살아온 인생을 생각하면서 많은 것을 깨닫게 되었어요. 아버지에게 받은 것이 많지만, 평생을 희생하며 살고 싶지는 않아요. 저는 자유롭게 인생을 즐기고 싶어요."

그때 문에서 노크 소리가 들려왔다. 주문한 커피가 도착한 것이다. 직원이 커피잔을 내려놓는 짧은 시간 동안에도 나는 계속 망설이고 있었다. 입안을 맴돌고 있는 질문, 나를 여기까지 데려온 그 질문을 지금 해도 될까?

직원이 커피를 따르자 방 안 가득 커피향이 차올랐다. 시선을 옮기자 맞은편에 앉아 있던 서윤과 눈이 마주쳤다. 눈이 마주친 순간 내가 망설이고 있었다는 사실도 잊은 채 여과되지 않은 단 하나의 질문이 나왔다.

"어떻게 하면 부자가 될 수 있을까요?"

답을 주는 대신 서윤이 고요하게 커피잔을 들었다. 금빛과 핑크빛으로 어우러진 장미가 새겨진 찻잔이었다. 서윤은 잔을 감싸 쥐고 차분하게 향기를 맡은 뒤 커피를 한 모금 마셨다.

그리고 그녀가 고개를 들었다. 나는 숨을 죽였다.

"답은 Having이죠."

4

Having

서윤이 단어 하나하나에 힘을 주며 리듬감 있게 말했다.

"지금 가지고 있음을 느끼는 것, 단어 그대로예요."

혹시 선문답인 걸까? 스스로 답을 찾을 때까지 상관없는 것처럼 들리는 질문을 따라가야 하는, 답하기 힘들 정도로 어려운 질문이 나오면 어쩌지?

서윤은 조용히 창밖을 바라보았다. 그녀의 시선을 따라 고개를 돌리자 화려한 벨벳 커튼 뒤로 진한 코발트빛 호수가 보였다. 잠시 그 정경을 응시하던 서윤이 입을 열었다.

"세상에는 정말 많은 돈이 있답니다. 물에 손을 담그면 시원한 감촉을 느낄 수 있듯 우리도 얼마든지 돈을 누리고 풍요를 느낄 수 있어요. 그것이 Having, 우리 안의 힘이죠. 그리고 Having은 우리가 자연스럽게 더 많은 부를 향해 흘러갈 수 있도록 해주죠."

쉽게 이해할 수 없는 말들이었다. 잠시 호흡을 가다듬은 뒤 문제의 그 단어에 집중해보았다.

"그럼 Having이란 무엇인지요?"

서윤은 다시 조용히 커피를 마셨다. 잔을 내려놓은 그녀가 이번에는 손을 들어 무언가를 가리켰다. 탁자에 놓여 있는 내 휴대전화였다.

"이 휴대전화 언제 사셨나요?"

"1년쯤 된 것 같아요…. 신상이라고 해서 산 걸로 기억해요."

어리둥절했지만 나는 순순히 대화를 따라갔다.

"그럼 1년 전으로 돌아가보죠. 이것을 살 때 어떤 느낌이셨어요?"

아, 저 휴대전화. 당시 가장 비싼 신제품 아니었던가? 저걸 사면서 어찌나 마음을 졸였던지…. 사실 처음 봤을 때는 확 마음이 당겼다. 저것만 쓰면 좀 더 스마트하게 업무를 처리할 수 있을 것 같았고, 자연스레 좀 더 멋진 커리어 우먼처럼 보일 것 같았다. 한편으로는 이런 생각도 들었다. '이렇게 비싼 물건을 사도 될까? 더 싼 걸 사도 별 문제가 없을 텐데…' 한참을 고민한 끝에 카드를 긁었다. 그것도 6개월 할부로. 영수증이 출력되는 소리가 들리자 마음이 또다시 심란해졌다. '돈을 너무 많이 쓴 걸까? 지금 실수하고 있는 건 아니겠지?'

이후 카드 고지서가 날아올 때마다 나는 자책하곤 했다. 쓸데없이 낭비한 것 같았기 때문이다.

"얼마일까 생각하고, 너무 비싼 건 아닐까 고민하고, 이걸 사도 될지 망설였죠. 막상 사고 나서는 죄책감과 후회로 괴로웠어요."

"그렇게 긍정적인 감정들을 느끼지는 못하셨군요."

"맞아요. 유쾌한 기분이 아니었어요. 합리화하려고 노력했지만 마음이 계속 불편했어요."

서윤이 맑은 목소리로 말했다.

"Having은 돈을 쓰는 이 순간 '가지고 있음'을 '충만하게' 느끼는 것이에요. 어떻게 부자가 될 수 있는지 물어보셨지요? 여러 답이 있겠지만 부자가 되는 가장 간단하고 효율적인 방법은 이것이에요."

묻고 싶은 것이 너무도 많았다. 물건을 사면 돈이 빠져나가는 것 아닌가? 사고 싶은 것을 참아야만 나에게 돈이 남아 있을 것 같은데…. 쓰면서 동시에 '있다'는 걸 느끼라니, 두 마리 토끼를 한 번에 잡으라는 말처럼 들렸다.

혼란스러워하는 나를 보고 서윤이 부드럽게 일러주었다.

"자, 홍 기자님이 한 달에 10만 달러씩 번다고 상상해보세요. 그리고 오늘 다시 이 휴대전화를 산다고 해보죠. 이번에도 같은 기분일까요?"

눈을 감고 통장에 거액이 찍히는 장면을 그려보았다. 그 즉시 짜릿한 쾌감이 온몸을 지나가는 것 같았다. 입가에는 저절로 미소가 떠올랐다. 잠시 후 휴대전화를 다시 봤을 때 나는 깜짝 놀랄 수밖에 없었다. 느낌이 180도로 달라진 것이다! 비싸게만 보이던 그 전화기가 이제는 만만하게 느껴졌다.

'이건 뭐, 전혀 부담이 안 되네. 기분 좋게 사도 되겠어. 돈이 충분한데 뭐 어때?'

여기까지 생각하고 빠르게 대답했다.

"생각만 해도 기분이 좋아져요. Having의 느낌이 이런 걸까요?"

"어떤 느낌인지 이야기해보세요."

서윤이 눈을 반짝이며 몸을 바싹 기울였다.

"월급이 충분히 많다고 상상하자 휴대전화를 사는 것이

즐겁게 느껴져요. 돈이 계속 들어올 테니 걱정할 것도 없겠지요. 핸드폰이 돈이 있다는 증거가 된다고 생각하니 오히려 기분이 좋아지는걸요?"

서윤이 환하게 웃으며 활기차게 말했다.

"바로 그거예요. 기분 좋은 느낌! 원하는 것과 교환할 만한 돈을 갖고 있다는 건 정말 좋은 느낌이죠."

기자 시절, 경영인이나 부자들을 만나 인터뷰할 기회가 많았다. "어떻게 부자가 되었냐"는 질문에 그들은 뻔한 답을 알려주곤 했다. "운이 좋았다." "시장의 기회를 잘 포착했다." "좋은 사람들을 만난 덕이다." 사실 뜬구름 잡는 이야기처럼 들릴 때도 있었고, 핵심을 숨기고 있는 듯한 기분이 들 때도 있었다. 그렇다고 질문하는 나에게 집중하는 것 같지도 않았다.

하지만 서윤은 그 모두와 달랐다. 온 마음을 다해 나에게 정성을 쏟고 있었다. 내 마음을 살피며 세심하게 질문을 골랐고 나를 최대한 배려하는 모습이었다. 부자들이 그토록 서윤을 따르는 이유도 여기에 있는 걸까?

5

Having의 비밀

"Having을 실천하는 방법에 대해 구체적으로 여쭤보고 싶어요. 돈이 있다고 상상하면서 그 기분을 느끼는 건가요? 아니면 내 지갑에 있는 돈을 기쁘게 느끼는 건가요?"

서윤이 양 팔꿈치를 감싸 안은 채 몸을 앞으로 기울였다.

"홍 기자님, 우리가 느끼고 집중해야 할 것은 바로 이 순간이에요. Having은 지금 여기에서 출발해야 해요. 현재 자신에게 있는 돈을 대상으로 삼는 것이 옳아요. 미래형이 아닌 현재진행형인 셈이죠."

그녀는 이어 물었다.

"지금 갖고 있는 것들을 잠시 둘러보세요. 커피, 휴대전화, 가방, 노트북…. 그것들을 어떻게 자기 것으로 만드셨죠?"

"돈을 내고…. 아, 잠시 생각해볼게요."

Having이란 돈이 있는 걸 느끼고 그 감정에 머무는 거라고 했다. 그렇다면 이 물건들은?

"아! 돈이 있어서 샀네요. 이 물건을 살 돈이 있어서요!"

"맞아요, 지금 마시는 커피를 살 만큼 충분한 돈을 갖고 계시죠. 지금 이 순간."

나는 내 손에 들린 컵을 물끄러미 바라보았다. 고급스러운 잔에 담긴 커피 한 잔. 호텔에서 파는 것이니까 꽤 비싸겠지. 한 잔에 20달러 정도 할까? 그래도 지금 나는 이걸 살 수 있다. 그것도 내가 번 돈으로. 생각만으로도 기분이 좋아졌다. 비싼 커피가 '있음'을 상징하는 증표처럼 보이기 시작한 것이다. 그 순간 찜찜했던 불안은 상쾌한 기쁨으로 전환되었다.

"말씀만 들어도 기분이 좋아지는데요? 갑자기 부유해진 것 같아요. 스스로가 자랑스럽게 느껴지고요."

서윤이 미소를 지었다.

"네, 지금 막 Having하신 거예요."

놀랄 수밖에 없었다. 왜 지금까지는 이런 감정을 느끼지 못한 걸까? 돌이켜보면 돈을 쓸 때 늘 비슷한 기분에 사로잡히곤 했다. 비싸다, 돈이 아깝다, 이걸 사는 게 맞는지 잘 모르겠다, 과연 사도 될까?

돈에 대해 부정적으로 느꼈던 나 자신을 돌아보는 동안 서윤이 따뜻한 눈빛으로 나를 지켜보고 있었다.

"그럼 '있음'에 초점을 맞추고 홍 기자님이 가진 물건들을 다시 한 번 둘러보세요."

내가 가진 가방, 옷, 노트북, 화장품 등을 살펴보았다. 서윤과 잠시 대화를 나누었을 뿐 이전과 달라진 것이 없는데 신기하리만치 느낌이 달랐다. 똑같은 물건들이 이제 풍요를 상징하는 것으로 보이기 시작한 것이다.

'기쁨과 감사가 온몸에서 느껴지네. 이것이 바로 Having의 느낌이구나!'

'없음'에서 '있음'으로 초점을 옮기자 내 앞에는 전혀 다른 세상이 펼쳐졌다.

"같은 물건이 완전히 다르게 보이네요!"

나를 격려하는 듯 부드러운 미소를 지어 보인 서윤은 설명을 이어갔다.

"전등 스위치를 켠다고 생각해보세요. 그동안 소비할 때마다 '없음'의 스위치를 켠 셈이에요. 그 결과 부정적 감정에 빠져들 수밖에 없었던 거죠. '있음'의 감정이 들어설 공간은 없었고요. 반면 Having 스위치를 켜자 그에 맞는 긍정적 감정이 자연스럽게 나타난 거랍니다. 이 차이가 만드는 변화를 안다면 놀랄 수밖에 없을 거예요."

서윤의 설명에 계속 귀를 기울였다.

"우리는 세상의 어떤 것도 있는 그대로 인식할 수 없어요. 그저 주의를 기울이는 것에 따라 세상을 인식하죠. 무언가를 원해본 적 있으시죠? 하얀색 운동화를 예로 들어보죠. 갑자기 온 세상에 하얀 운동화만 보일 거예요. 마찬가지로 '있음'에 주의를 기울인다면 홍 기자님을 둘러싼 세계는 다르게 인식될 거예요. '없음'의 세상에서 '있음'의 세상으로요. 그 감정의 파장이 홍 기자님의 세상을 바꿔가죠."

예리한 분석이었다. 늘 쪼들리는 것처럼 느껴졌던 이유가 거기에 있었다. '없음'의 렌즈를 통해 세상을 바라본 탓이었다. 생각해보면 나만 그런 것도 아니었다. 직장 동료나 친구들도 늘 같은 불평을 했으니깐.

맞벌이로 일하는 동료 하나도 그랬다. 도심에 위치한 아파트에 살면서 두 아이를 사립 유치원에 보내는 그는 누가 봐도 괜찮은 중산층이었다. 그럼에도 그는 늘 돈이 없다고 투덜댔다.

"유치원비 내고, 베이비시터 월급 주고, 세금에 보험료까지 내고 나면 남는 게 하나도 없어. 둘이 벌면 뭐해? 월급은 금세 어디론가 사라지는데…."

또 다른 친구의 남편은 돈 많이 벌기로 소문난 변호사였다. 우리는 그녀가 부러워 죽겠는데 막상 그 친구는 불안하단다.

"주변에 부자가 너무 많아. 누구는 호화로운 별장을 샀다고 하고 누구는 수억 원짜리 차를 뽑았다고 해. 퍼스트 클래스를 타고 놀러 가는 친구도 있고…. 그 사람들을 보면 나만 돈이 없는 기분이야."

어쩌면 이 세상이 우리에게 결핍을 입력하고 있는 것은 아닐까? 신문을 읽다 보면 경제위기는 코앞에 닥친 일이다. SNS에는 온통 명품백이나 좋은 집, 비싼 스포츠카를 찍어놓은 사진들뿐이다. 어디를 둘러봐도 모두들 이렇게만 외치는 듯하다.

"넌 돈이 없어!"

내가 지금 제대로 이해한 것인지 확인하고 싶어 다시 한 번 물어보았다.

"'없음'에서 '있음'으로 렌즈를 바꾸는 방법이 바로

Having인가요?"

"네, 맞아요. 사실 렌즈를 바꾼다는 것이 그렇게 만만치 않아요. 지금까지 살면서 단단하게 굳어진 고정관념과 인식을 바꾸는 작업이 그리 쉬울 리 없죠. 그런데 Having은 지금부터 바로 할 수 있는 방법이에요. 작은 것에서 시작할 수 있으며, 가장 빠르고 효율적으로 그 렌즈를 바꿀 수 있죠. 매일 돈을 쓸 때마다 Having을 하고, 그 느낌을 바라보고, 그 감정을 조금씩 키워가기만 하면 돼요."

GURU'S QUOTES

"우리가 느끼고 집중해야 할 것은 바로 이 순간이에요. Having은 지금 이 현실에서 출발해야 해요. 미래형이 아닌 현재진행형인 셈이죠."
"Having은 우리의 렌즈를 '없음'에서 '있음'으로 바꾸는 방법이에요."
"'있음'에 주의를 기울일 때 당신을 둘러싼 세계는 다르게 인식될 거예요. '없음'의 세상에서 '있음'의 세상으로."

Having으로 위기를 벗어난 사업가

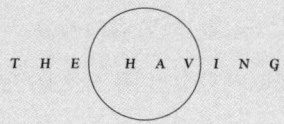

한 사업가가 사색이 되어 구루 서윤을 찾아왔다. 새로운 기술에 300만 달러를 투자했으나 개발이 늦어지면서 문제가 생긴 것이다.

"큰일났습니다. 회사 돈이 곧 바닥나게 생겼어요. 이번 달 월급을 줄 수 있을지도 모르겠습니다. 이러다 부도라도 나면 어쩌죠? 거리로 나앉을까 봐 두려워서 잠도 오지 않습니다."

사업가를 진정시킨 뒤 서윤은 부드럽게 말했다.

"앞으로 3년 동안 부도가 나는 운은 없어요. 오히려 내년 하반기에는 반드시 큰돈을 버는 쪽으로 반전의 흐름이 오게 되네요. 원래 큰돈이 들어오기 직전에 돈의 흐름이 사소하게 막힐 수 있어요. 마치 병목 현상처럼요. 다만 많은 사람들이 불안과 두려움에 얽매여 그 시기에 돈이 들어오는 입구를 막아버리고 큰 물결을 타지 못하죠. 지금 눈앞에 원치 않는 일이 벌어질 수 있어요. 하지만 Having을 하면서 이 시기를 잘 보낸다면, 1년 후 지금 기대하는 것 이상의 돈을 만지게 될 거예요."

다음 날 아침이 되자 사업가는 거울을 보고 이렇게 말했다.

"오늘을 버틸 자금이 있다니, 다행이다. 돈이 있는 걸 느끼면서 열심히 일해야지."

월급날에는 이렇게 말했다.

"직원들에게 월급을 주고도 회사를 운영할 돈이 남아 있어. 정말 감사한 일이야."

있는 것에 집중하자 작은 행운들이 찾아오기 시작했다. 로열티가 조금씩 들어오면서 회사가 몇 주, 나아가 몇 달을 버티게 된 것이다. Having에 대해 확신을 갖게 된 사업가는 기술 개발에 전념하면서 거래처도 하나씩 넓혀 나갔다.

1년 후 사업가가 서윤을 다시 찾아왔다. 감사의 뜻으로 근사한 저녁을 대접하겠다고 하면서 그는 이렇게 말했다.

"말씀하신 대로 '있음'에 집중했더니 놀라운 일이 일어났습니다. 개발한 기술이 해외에 팔리면서 큰돈을 벌게 되었어요. 정말 감사합니다!"

6

누구나 부자가 될 수 있다

"그렇다면… Having을 하면 누구나 부자가 될 수 있다는 걸까요?"

진짜로 궁금했던 것은 따로 있었다. Having을 하면 나도 부자가 될 수 있을까? 들떠 있는 내 목소리를 듣고 서윤도 내가 무얼 궁금해하는지 짐작한 듯했다. 서윤은 따뜻한 눈빛을 보내며 말했다.

"지난 30년 동안 10만 명의 데이터를 시계열적으로 분석했어요. 부자에서 가난한 사람까지 모두 살폈죠. 이 중 빈손으로 태어나서 자신의 힘으로 부를 이룬 사람들에게 주목했어요. 분석 결과 그 사람들 중 높은 IQ나 특별한 재능, 뛰어난 창의성을 가진 사람은 소수에 지나지 않았어요."

대학 시절 들었던 사회학 수업이 떠올랐다. 질적 연구에 대한 강의였다. 질적 연구란 수치화하기 힘든 자료를 면담이나 관찰을 통해 분석한 뒤 결론을 도출하는 방식이다. 각각의 사례를 개별적인 맥락에서 파악한 뒤 이를 종합하는 것이다. 질적 연구의 성공 여부는 연구자의 역량에 달려 있다. 소통과 공감 능력이 있어야만 양질의 정보를 얻어낼 수 있고 뛰어난 통찰력이 있을 때만 데이터를 종합해 큰 그림을 그릴 수 있기 때문이다.

이에 비해 양적 연구는 설문 조사나 통계 분석을 써서 가설을 검증하는 방법이다. 지난 수십 년 동안 부자들을 연구한 학자들이 사용한 것도 이 방식이다. 하지만 설문과 통계만으로는 그 비밀에 접근하는 데 한계가 있었다. 기존에 실시된 조사가 대부분 실패로 돌아간 것도 이 이유에서였다.

그리고 부의 비밀을 밝히기 위해 서윤이 사용한 방법은 질적 연구 방식이었다. 조사 기량뿐 아니라 공감 능력과 통찰력까지, 연구에 필요한 모든 역량이 그녀에게 있었기 때문이었다.

서윤이 차분하게 설명을 이어갔다.

"결론적으로 말씀드리자면 대부분의 사람들은 300만 달러에서 700만 달러의 재산을 가질 수 있는 운이 있어요. 물론 모든 사람이 빌 게이츠 같은 슈퍼리치가 될 수 있다고 생각하지는 않아요. 하지만 누구나 사랑받을 자격이 있는 것처럼 누구나 부자가 될 자격을 갖고 태어난 것만은 확실한 사실이죠."

300만~700만 달러라니! 나도 모르게 입이 벌어졌다. 생활비와 교육비, 세금과 이자를 내고도 한참 남을 액수였다. 예외가 없다고 했으니⋯ 나도 부자가 될 수 있다는 뜻일까?

그렇게 넉넉해지면 어떤 삶을 살 수 있을까? 일단 내가 살고 싶던 동네에 집을 장만하고 몇 년 전부터 꿈만 꾸던 차도 사야지. 아이가 하고 싶어 하는 것, 남들이 좋다고 하는 교육도 다 시킬 것이고, 어디 가서 기죽지 않을 옷과 가방도 사야지. 이번 휴가는 남태평양의 섬으로 떠나볼까? 퍼스트 클래스를 탈 수도 있겠어. 참, 나만 잘 살면 안 되니까, 정기적으로 기부도 해야겠다.

생각할수록 마음이 끝도 없이 부풀어 올랐다. 한편으로는 새로운 에너지가 전신으로 퍼져가는 것 같았다. 그것은 희망이었다.

  어린 시절, 나는 특별하게 살고 싶었다. 부모님처럼 평범하게 사는 것은 싫었다. 사춘기 시절에는 하고 싶은 것이 매일 바뀌었다. 어떤 날은 변호사, 또 다른 날은 의사를 꿈꾸기도 했다. 그러던 어느 날, TV에서 걸프전을 취재하던 CNN 기자를 보고 꿈을 정하게 되었다. "바로 이거야! 나도 기자가 되고 싶어."

  대학을 졸업한 뒤 나는 신문사에 취직하는 데 성공했다. 어찌 보면 이십 대 중반의 나이에 꿈을 이룬 것이다. 신문 1면에 실린 합격자 공고를 보는 순간 심장이 터질 듯했다. 하지만 그걸로 끝이었다. 그 이후로 나는 희망에 설레어본 적이 없었다.

  기자가 되어 사회 구석구석을 살펴볼수록 절망만 커져 갔다. 내가 본 세상은 불공평하기만 했다. 물려받은 재산이 없으면 부자가 되기 힘들었다. 가난한 사람들이 더 가난해지는 사이 부를 쌓는 것은 소수의 부자들뿐이었다.

  문득 사회에서 소외된 사람들을 취재했던 기억이 떠올랐다. 그들을 돕기 위해 기사를 써서 성금을 모은 적도 있었다. 하지만 내가 할 수 있는 건 그뿐이었다. 세상에 있는 재화는 한정적일 것이다. 모두가 큰돈을 가지는 건 불가능하겠지. 누구나 부자가 될 수 있다면 왜 모든 사람들이 부자가 되지 못한 것일까?

"누구나 부자가 될 수 있다면… 가난한 사람은 왜 그리 많고, 부자는 왜 그리 적을까요? 사람들이 가난 때문에 고통받는 이유는 뭘까요?"

취재한 것을 상세하게 설명하는 동안 서윤은 양손을 깍지 낀 채 고개를 끄덕이고 있었다. 사람들의 고통을 느끼는 듯 눈동자가 촉촉하게 젖어들고 있었다.

마침내 그녀가 입을 열었다.

"그래요, 세상에는 가난으로 인한 많은 고통이 존재하죠."

잠깐의 침묵이 지나간 뒤 그녀가 말을 이어갔다.

"질문 하나 드려볼게요. 세상에 가난한 운명으로 태어난 사람은 몇 % 정도일까요?"

"꽤 많을 것 같아요…. 30% 이상 정도요?"

바로 대답을 주지 않은 채 서윤이 테이블 위에 놓인 물잔을 집어 들었다.

"이 물잔을 부의 그릇에 비유해보죠. 예를 들어 빌 게이츠는 남들보다 큰 그릇을 갖고 있겠죠. 홍 기자님의 그릇은 그보다 작을 것이 분명해요. 그럼 지금 말씀하신 사람들의 그릇은 어느 정도일까요?"

직관적으로 이해가 갔다. 누구에게나 타고난 그릇이 있다는 뜻이었다. 그 그릇을 얼마만큼 채울지는 사람마다 다르겠지.

"누구나 300만~700만 달러를 가질 수 있다고 하셨으니까요…."

조심스럽게 짚어보았다.

"가난한 사람들도 그 정도 크기의 그릇을 갖고 있지 않을까요?"

"맞아요. 잘 이해하셨어요. 돈이 없는 사람들이라고 작은 그릇을 갖고 태어난 것은 아니에요. 물론 빌 게이츠처럼 엄청나게 큰 그릇을 갖고 태어난 사람도 있겠죠. 하지만 대부분의 사람은 300만~700만 달러의 재산을 담을 수 있는 그릇을 갖고 있답니다. 안타깝게도 가난한 사람들은 자신의 그릇을 채우지 못하고 있어요. 이 물컵을 보세요. 아무리 컵이 커도 물이 바닥에 찰랑찰랑하게 담겨 있다면 누구든 부족함을 느끼겠죠. 통계적으로 살펴봤을 때 자신의 그릇을 4분의 3만 채워도 누구나 풍요와 만족을 느끼며 살아갈 수 있어요."

"물을 더 채우고자 한다면 어떻게 해야 할까요?"

꽃이 피어나듯 서윤이 싱그럽게 웃었다.

"다양한 방법이 있겠지만 가장 빠르고 효율적인 수단은 Having이죠. Having은 부를 끌어당기는 힘이에요. 같은 노력을 하더라도 더 많은 물을 쉽게 채울 수 있도록 도와주죠. 이 모든 것들은 자신이 갖고 있는 감정만으로 충분히 조절할 수 있어요."

GURU'S QUOTES

"누구나 사랑받을 자격이 있는 것처럼 누구나 부자가 될 자격을 갖고 태어났죠."

"Having은 부를 끌어당기는 힘이에요. 같은 노력을 하더라도 더 많은 물을 쉽게 채울 수 있도록 도와주죠. 이 모든 것들은 자신이 갖고 있는 감정만으로 충분히 조절할 수 있어요."

아름다운 꽃을 피웠구나

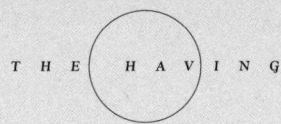

 어떤 사람이 여러 종류의 꽃과 나무를 정원에 심었다. 열심히 물을 주고 정성을 다해 가꾸었지만 시간이 지나도 꽃이 피지 않았다. 시들어가는 꽃과 나무에게 정원의 주인이 물었다.
 "너희는 왜 이렇게 시들어가니?"
 은행나무가 말했다.
 "소나무처럼 높은 기품이 없기 때문이랍니다."
 소나무도 힘없이 대답했다.
 "저도 자신이 없어요. 사과나무처럼 맛있는 열매를 맺을 수 없잖아요."
 사과나무도 지지 않고 거들었다.
 "저는 해바라기처럼 크고 아름다운 꽃을 피울 수 없어요."

그때였다. 축 늘어진 나무들 사이로 꽃을 피운 들꽃 하나가 보였다. 주인이 물었다.

"모두들 시들어가는데 너만 아름다운 꽃을 피웠구나. 비결이 뭐니?"

들꽃이 살포시 웃으며 답했다.

"저에게는 작고 소박한 멋이 있답니다. 이런 멋이 사람들에게 기쁨을 준다는 것도 알고 있지요. 이런 제 모습이 사랑스럽고 좋아요. 예쁜 꽃을 피울 수 있어서 저는 너무 행복하답니다."

들꽃은 자기 자신으로 사는 기쁨과 행복을 온전히 느낀 것이다. 다른 식물이 시들어갈 동안 혼자 꽃을 피운 비결이 거기에 있었다.

7

불안에서 벗어나는 방법

들으면 들을수록 빨리 Having을 해보고 싶었다. 엉덩이가 들썩이고 온몸이 근질거릴 정도였다. 그런데 궁금한 것이 하나 남아 있었다. Having의 효과를 볼 때까지 얼마만큼 기다려야 할까? 만약 몇 년씩이나 걸리면 어쩌지?

다른 사람 앞이라면 이런 속마음을 털어놓지 못했을 것이다. 하지만 어쩐지 서윤 앞에서 나는 있는 그대로 솔직해질 수 있었다.

서윤과 대화하며 심리학 시간에 배운 '무조건적 긍정적 존중 unconditional positive regard'이 생각났다. 상담할 때 상대의 감정이나 생각을 전적으로 수용하는 태도를 가리키는 말이다. 서윤이 나를 대하는 방식이 꼭 그랬다. 어떤 평가나 판단도 하지 않은 채 나를 존중했고, 항상 내 생각에 귀를 기울여주었다. 나중에야 알게 되었다. 그녀가 모든 사람을 소중하게 대한다는 것을.

훗날 서윤에게 이렇게 물은 적이 있었다.

"Having의 비밀을 저에게 알리신 이유가 무엇일지요? 주변에 훌륭한 작가나 기자, 출판인들도 많았을 것 같은데요…."

"사람의 마음을 울리는 것은 순수한 영혼과 에너지랍니다. 그 사람의 지위나 스펙은 전혀 중요하지 않아요. 홍 기자님은 귀인을 만나면 크게 발전할 수 있는 잠재력을 갖고 있었어요. 귀인을 믿고 진심으로 따를 수 있는 순수함이지요."

원래 대화로 돌아가면, 내 질문을 듣고 서윤이 자상하게 설명해주었다.

"많은 사람들을 부의 길로 이끌어준 경험치를 봤을 때 그건 그렇게 오래 걸리지 않았어요. 빠르면 2주, 늦어도 3개월이면 Having의 효과는 나타나기 시작하죠."

"그렇게나 빨리요?"

좋기도 하고 놀랍기도 해 목소리가 높아졌다.

"생물학적으로 봤을 때 성인의 뇌가 기존의 시냅스 연결을 끊고 새로운 패턴을 만드는 데 14~21일이 필요하다고 해요. 이 기간 동안 Having은 기존 감정과의 연결고리를 끊고 새로운 감정의 신경망을 형성해주죠. 그 작업이 마무리되면 우리 주위로 즐거운 변화들이 찾아오기 시작할 거예요."

인터뷰를 하고 돌아와서 뉴런과 시냅스에 대해 더 찾아보았다. 감각 기관에서 받아들인 자극은 뉴런을 통해 뇌로 전달된다. 이때 뉴런과 뉴런 사이의 연결을 담당하는 것이 시냅스이다. 길에 비유하면 뉴런이 도로, 시냅스가 교차로인 셈이다.

예를 들어, 어떤 사람이 돈을 쓸 때마다 불안을 느낀다고 가정해보자. '돈'이란 정보가 뇌에 감지되면 크리스마스 전구에 불이 하나씩 켜지듯 뉴런이 시냅스를 거쳐 그 정보를 '불안'에 전달하게 된다. "뉴런은 함께 활성화되고 함께 연결되어 있다Neurons that fire together wire together"는 말도 있듯이.

그간 학자들은 성장기가 지나면 신경세포와 시냅스 사이에 놓인 연결이 고착된다고 믿어왔다. 그런데 최근 들어 새롭게 밝혀진 사실이 있다. 이 연결이 평생에 걸쳐 변할 수 있다는 것이다. 즉 훈련을 한다면 특정 경험과 이어진 우리의 감정 또한 얼마든지 바뀔 수 있다는 이야기다.

최신 뇌 연구까지 참고하자 놀라운 결론이 나왔다.

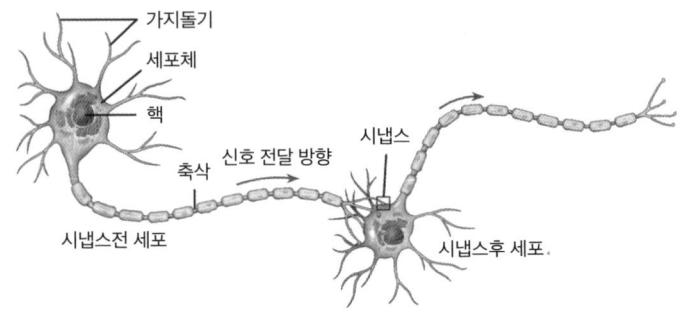

Having을 계속하면 돈을 쓰는 그 순간 '불안' 대신 '있음'을 느낄 수 있다! 서윤도 말하지 않았던가? 뇌의 패턴을 바꾸고 불안에서 벗어나는 방법이 바로 Having이라고. 그럼 지긋지긋한 돈 걱정에서도 벗어날 수 있겠지. 생각보다 빨리 부자가 될지도 몰라.

나도 모르게 내 얼굴에 설렘이 가득했는지, 서윤이 부드러운 목소리로 질문을 던졌다.

"《마시멜로 이야기》란 책 아시죠?"

"네, 알고 있어요. 오늘 주어진 마시멜로를 안 먹어야 나중에 더 많은 걸 얻는다는 내용이지요?"

"그 이야기에 대해 어떻게 생각하세요?"

"저는 읽고 조금 갸우뚱했어요. 모든 좋은 일 앞에는 반드시 인내심이 필요하다는 이야기 같아서요."

"비밀 하나를 알려드릴게요. 지금 하고 싶은 걸 참을 필요가 없어요. 마시멜로는 하루에 하나가 아니니까요."

서윤의 목소리에는 사람을 끌어당기는 힘이 있었다.

"우리는 마시멜로 개수를 늘릴 힘을 갖고 있어요. 오늘 주어진 한 개를 감사하고 기쁘게 즐긴다면 내일은 그 개수를 두 배로 늘릴 수 있죠."

"그럼 성공하기 위해 꼭 인내할 필요가 없다는 말씀이신지요?"

"네, 맞아요. 그리고 그리 오래 걸리지 않을 거예요."

GURU'S QUOTES

"빠르면 2주, 늦어도 3개월이면 Having의 효과가 나타나기 시작하죠."

"지금 하고 싶은 걸 참을 필요가 없어요. 마시멜로는 하루에 하나가 아니니까요."

8

낭비와 과시

"**화**장품 회사에서 마케팅 과장으로 일하는 친구가 있어요. 내일이 없는 것처럼 소비하는 친구죠. 카드값 때문에 못살겠다고 아우성치면서도 중독된 듯 계속 돈을 쓰더라고요. 가방과 옷, 구두를 끊임없이 사들이거나 월급보다 비싼 핸드백을 지르기도 하고요. 심지어 얼마 전에는 빚까지 내서 고급 차를 샀대요. 이 친구처럼 펑펑 돈을 써도 부자가 될 수 있나요?"

진짜로 묻고 싶었던 건 따로 있었다. Having과 낭비의 차이는 무엇일까? 기쁨을 느끼기만 한다면 돈을 펑펑 써도 부자가 될 수 있는 걸까? 만약 그렇다면 좀 불공평할 것 같았다.

내 질문을 듣고 서윤이 예리하게 질문을 던졌다.

"하지만 친구는 그 과정에서 원치 않던 불안을 경험하겠죠."

"맞아요. 이미 많이 썼다고 하면서도 비싼 걸 또 지르더라고요. 그다음 카드값이 무섭다고 계속 징징거리고요."

서윤이 몸을 똑바로 일으키고는 단호하게 지적했다.

"그건 Having이 아니에요."

그 기세에 눌려서 내 목소리가 저절로 작아졌다.

"기쁘게 돈 쓰는 건 비슷한 것 같은데… Having과 다른 점이 무엇인지요?"

"자, 남은 삶이 앞으로 24시간뿐이라고 가정해보죠. 그럼 갖고 있는 돈을 어떻게 하겠어요?"

"아낄 이유가 없지요. 다 써버릴 것 같아요."

"조금 전 우리가 나눈 대화를 떠올려보세요. 연봉이 크게 뛸 것을 알고 소비할 때의 마음과 삶이 얼마 안 남았다고 생각할 때 기분이 같나요?"

눈을 감은 채 상상의 나래를 펼치기 시작했다. 연봉이 100만 달러란다. 내가 하고 싶은 것, 사고 싶은 모든 것에 돈을 쓴다 해도 모자라지 않을 충분한 돈이었다. 밥을 안 먹어도 배부른 기분이었다. 필요한 물건 앞에 주저 없이 카드를 내미는 내 모습이 그려지자 하늘을 나는 듯 마음이 들떠 올랐다.

반대로 내일이 없다고 가정해보았다. 돈을 쓰는 것이 전혀 행복하지 않았다. 고급 레스토랑에서 맛있는 요리를 먹어도 무슨 재미가 있겠는가? 불안해서 아무 맛도 느껴지지 않을 텐데. 돈을 펑펑 쓴다면 그건 불안과 두려움을 잊기 위해서겠지. 아니면 인생을 포기하고 싶어서일지도 모르겠다.

머릿속에 떠오른 것을 말하자 서윤이 고개를 끄덕였다.
"그게 바로 Having과 낭비의 차이예요."

작은 낭비를 한 기억들이 떠올랐다. 동창 모임에 갔을 때 친구가 입은 청바지에 반한 적이 있었다. 세련되고, 멋지고, 나에게 꼭 필요한 물건 같았다. 당장 백화점으로 달려가서 똑같은 것을 샀다. 그것도 20만 원이나 주고!

사실 투자은행에 다니는 그 친구의 남편은 고액연봉자라고 소문난 사람이었다. 덕분에 친구도 여유롭게 사는 듯 보였다. 매번 새로운 명품백을 들고 나왔고 방학만 되면 아이들과 함께 해외로 나가곤 했으니까. 똑같은 옷을 사면 나도 그렇게 될 거라고 생각했던 걸까? 아니면 그저 돈 걱정 없이 살고 싶었던 걸까. 하지만 내 스타일에 맞지 않았던 청바지는 결국 후회 덩어리가 되고 말았다. 옷장에 처박아둔 채 한 번도 꺼내 입지 않았다.

한번은 멀쩡한 소파 테이블을 갈아치우기도 했다. 내 기준으로 '잘 사는' 친구들이 집으로 놀러 온다고 해서다. 친구들이 온다고 하니 우리 집 낡은 테이블이 너무도 초라하게 보였다. 결국 친구들이 잠시 머물다 간 소파 테이블을 위해, 아무도 신경 쓰지 않은 그 테이블을 위해 나는 몇 달 동안 카드값에 허덕이며 허리띠를 졸라매야 했다.

내 고백을 들으며 서윤이 조용히 고개를 끄덕였다. 나만 그런 것이 아니라는 뜻 같았다. 그리고 나직하게 덧붙였다.

"자신을 기쁘게 하기 위해 산 것들이 아니었네요."

정신이 번쩍 들었다.

"맞는 말씀이시네요. 돌이켜보니 질투나 불안, 타인의 시선에 휘둘렸던 것 같아요. 돈을 쓰고 난 다음에는 기분이 좋아지기는커녕 더 우울해졌지요."

"잠시 우리 몸에 비유해볼까요. 의사들이나 자연주의 치료사들이 그런 말을 하죠. 사람에게는 자가치유의 능력이 있다고요. 몸에서 필요한 영양분도 적당량만큼만 원하게 되어 있다고 하고요."

"아, 피곤할 때 소금이 당기는 것도, 술 마시고 난 뒤 영양을 보충하기 위해 계란을 찾는 것도 비슷한 원리겠네요."

"바로 그거예요. 몸의 요구에 집중하면 자신에게 필요한 음식의 종류뿐 아니라 위장의 크기도 알게 되죠. 과식도 피할 수 있고요. 결국 더 건강해지겠죠. 소비도 마찬가지예요. 자신이 진정으로 원하는 것을 따라가다 보면 낭비나 과시적 소비와는 자연스럽게 멀어지게 되죠. 파도를 타듯 자연스럽게 부의 흐름을 타게 되는 거예요. 노를 저을 것도 없이 그저 보트를 탄 채 그 물결 위에 떠 있기만 하면 돼요."

따뜻한 조언을 마지막으로 인터뷰 첫날이 마무리되었다.

"삶이란 내 안의 여러 가지 '나'를 찾아 통합시켜가는 여정이죠. 홍 기자님은 결국 자기 자신이 되어야 해요. 사람은 자신다워질 때 스스로를 행복하게 만들 수 있는 내면의 힘을 발견하게 되죠. Having은 그걸 위한 가장 빠르고 쉬운 방법이랍니다."

창문을 넘어 들어오는 햇살이 길어지고 있었다. 인터뷰를 시작한 지 벌써 몇 시간이 흐른 뒤였다. 서윤의 배웅을 받고 밖으로 나오자 하늘이 온통 다홍빛으로 물들어 있었다.

대화의 여운을 즐기고 싶어서 호숫가로 걸음을 옮겼다. 나는 다시 태어난 기분이었다. 서윤을 다시 만난 지 겨우 몇 시간이 흘렀을 뿐인데…. 한편으로는 정신적으로 성숙해진 느낌도 들었다. 이런 감정을 느껴본 게 도대체 얼마만인지.

그 순간 어떤 예감이 들었다. Having을 배우는 과정은 진정한 나 자신을 찾는 여정이 될 것이다. 이 길을 걸으며 많이 성장할 수 있을 것이다. 그리고 나는 반드시 원하던 부를 이룰 것이다.

GURU'S QUOTES

"자신이 진정으로 원하는 것을 따라가다 보면 낭비나 과시적 소비와는 자연스럽게 멀어지게 되죠. 파도를 타듯 자연스럽게 부의 흐름을 타게 되는 거예요. 노를 저을 것도 없이 그저 보트를 탄 채 그 물결 위에 떠 있기만 하면 돼요."

"삶이란 내 안의 여러 가지 '나'를 찾아 통합시켜가는 여정이죠. 우리는 결국 자기 자신이 되어야 해요. 사람은 자신다워질 때 스스로를 행복하게 만들 수 있는 내면의 힘을 발견하게 되죠."

구루의 길

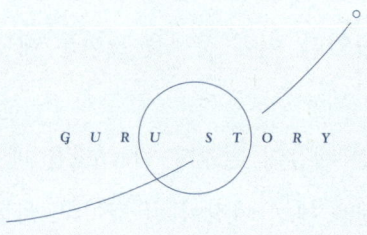

GURU STORY

　서윤은 모든 면에서 비범한 아이였다. 서너 살 무렵이 되자 한글과 기본적인 연산을 깨우쳤고 조금 더 자란 뒤에는 성인들이 읽는 고전을 탐독하며 철학적인 문제에 매달렸다. 주변 어른들이 깜짝 놀란 것도 당연한 일이었다.

　그중 깊은 인상을 받은 책이 일곱 살에 읽은 카프카의 《변신》이었다. 인생에서 주인으로 살지 못하고 비참하게 죽어간 주인공의 삶에서 섬뜩함이 느껴졌다. 주변을 돌아보니 어른들이 사는 모습도 별반 다르지 않아 보였다. 엄마만 해도 가족과 사회의 잣대에 얽매여 원하는 삶을 살지 못했다. 인생에서 주인으로 사는 것과 존재에서 오는 불안을 다스리는 것. 그녀가 책을 읽고 깊이 천착하게 된 주제였다.

그녀의 뛰어난 면은 그뿐이 아니었다. 사람들의 마음에 공감하고 아픔을 치유해주는 능력이었다. 아주 어릴 적부터 남들이 느끼는 고통과 아픔이 고스란히 느껴졌던 것이다. 여기서 서윤이 전하는 공감이란 단순한 위로가 아니었다. 자신을 완전히 지운 채 상대의 고통을 함께 느낀 뒤 그들의 마음까지 보듬는 것이었다.

그 시절, 마음이 아픈 어른들을 위로하기 위해 서윤은 곧잘 동화를 지어내곤 했다. 장애 자녀를 둔 유모에게는 할머니가 아픈 아들과 행복하게 사는 이야기를, 시어머니와 갈등을 겪던 엄마에게는 신데렐라가 왕비와 맞서는 스토리를 들려주었다. 동화를 구연하면서 어린 마음에도 느낄 수 있었다. 자신의 이야기를 들으며 어른들은 위안받고 있었다.

그러나 손녀를 가르치겠다는 할머니의 뜻에 어머니는 강하게 반대할 수밖에 없었다. 다른 사람을 부자로 만들어주는 운명이라니, 몸이 약한 딸에게는 과한 짐 같았다. 더욱이 한자로 된 고전은 어른들이 읽기에도 힘든 책 아닌가? 하지만 서윤은 할머니에게 배우는 공부가 재미있었다. 수천 년 전에 쓰인 책들을 탐독하면서 그 속에 숨겨진 의미를 하나씩 깨우쳐 나갔다.

'하늘에는 측량하기 어려운 비바람이 있고, 사람에게는 아침 저녁으로 바뀌는 불행과 복이 있다.天有不測之風雨, 人有朝夕之禍福'

이런 글귀들이 서윤의 가슴을 울리곤 했다.

명상을 시작한 것도 일곱 살 무렵이었다. 할머니와 함께 절에 갔을 때 그것이 마음 공부에 좋다는 소리를 듣고 100일 동안 실천하겠다고 마음먹었다. 하지만 어린아이에게 명상은 쉬운 일이 아니었다. 무작정 무릎을 꿇고 눈부터 감았으나 한참이 지나도 무슨 생각을 해야 할지 알 수 없었다.

마음 공부에 지나치게 몰입했던 탓일까? 서윤이 밤새 고열에 시달렸던 날이 있었다. 아침이 되자 열이 내리며 심한 갈증이 찾아왔다. 마침 머리맡에는 유모가 가져다 놓은 차가운 보리차가 있었다. 그걸 단숨에 들이킨 찰나, 서윤의 눈앞에 새로운 세상이 펼쳐졌다.

차가 지닌 맛과 향이 온몸 구석구석까지 전달되는 것 같았다. 보리차를 수없이 마셔봤지만 제대로 음미하는 건 그날이 처음 같았다. 곧이어 깨달음도 찾아왔다. 지금 이 순간에 머무르면 세상 모든 것이 바뀌게 된다!

다음 날이 되었다. 아침 명상을 마친 서윤이 천천히 눈을 뜨고 고요하게 숨을 들이마셨다. 신선한 공기가 코 속으로 들어온 뒤 온몸으로 퍼져갔다. 그다음 조용히 고개를 돌려 방 안에 있는 것들을 둘러보았다. 모든 것이 어제와 다르게 보였다. 그녀는 완벽하게 '지금, 여기 here and now'에 머무르고 있었던 것이다.

하지만 어린 서윤이 깨닫지 못했던 것이 하나 있었다. 그날은 그녀가 구루의 운명으로 살게 된 첫날이었다.

돈을 끌어오는 사람 vs 돈을 밀어내는 사람

2

9

베로나의 햇살

이탈리아 베로나의 브라 광장. 〈로미오와 줄리엣〉의 배경이 된 낭만적인 도시 한가운데 서서 나는 서윤을 기다리고 있었다. 한 사람 한 사람 모두 주인공이 된 듯 마치 광장은 하나의 무대 같았고, 여행자들은 경쾌한 발걸음으로 그 무대를 자유롭게 누렸다.

전날 인터뷰는 마치 마법과도 같은 시간이었다. 서윤은 탁월한 통찰력과 강렬한 에너지로 나를 사로잡았다. 몇 시간이 어떻게 흐르는지 모를 정도로 나는 완전히 대화에 빠져들었다. 마음속 한 켠에서는 새로운 감정이 고개를 내밀었다. 그것은 희망이었다. 아버지와의 약속, 행복한 부자가 될 수 있다는 희망이 생기니 놀랍게도 세상이 이전과 다르게 보이기 시작했다.

한차례 소나기가 쏟아졌던 걸까. 광장 바닥이 빗방울에 젖어 있었다. 맑게 갠 하늘은 청명한 푸른빛으로 빛났다. 로마 시대부터 있었던 원형경기장 위에서 햇살이 쏟아져 내려와 물기를 머금고 있는 바닥에 반사되자 은빛 물고기가 펄떡이듯 광장 전체가 반짝거렸다. 나는 발뒤꿈치를 들고 서서 오늘의 태양을 마음껏 즐기고 있었다. 마치 광합성을 하는 작은 나무가 된 것처럼. 오늘 서윤을 만나면 또 어떤 희망을 품게 될까?

생각만으로도 절로 콧노래가 흘러나왔다. 중학교 시절에 배운 이탈리아 가곡, 〈오솔레미오〉였다.

얼마나 멋진 햇볕일까.
폭풍우는 지나가 하늘은 맑고
상쾌한 바람에 마치 축제처럼 햇빛이 비쳐왔다.
그러나 그 태양보다도 더 아름다운 너의 눈동자.
오, 나의 태양이여. 그것은 빛나는 눈동자.

"오늘을 즐기시는 모습에 저도 기분이 좋아지네요."

브라운 톤의 선글라스, 옅은 핑크색 립스틱, 복숭앗빛 민소매 원피스 차림의 서윤이 경쾌한 발걸음으로 다가오고 있었다.

"벌써 Having을 실천하고 계신데요?"

"네? Having이라뇨?"

Having, 내 심장을 파고든 그 단어다. 그런데 내가 벌써 실행하고 있다니, 무슨 소리일까? 지금 돈을 쓰는 것도 아닌데.

"이 광장의 풍경과 이 햇살이 주는 축복을 지금 온몸과 마음으로 고스란히 누리고 계시잖아요. 그 기쁨이 저에게도 이렇게 전해지는걸요? 지금 이 순간을 사는 것, 그게 Having의 첫걸음이에요."

"지금 제가 Having을 하고 있는 거라면, 생각보다 정말 쉽네요!"

말로만 들었을 때는 어려울 거라 생각했던 것이 조금 더 명확하게 내 일상으로 들어온 듯했다.

우리는 바닐라 젤라토를 하나씩 손에 들고 천천히 걷기 시작했다. 마치 〈로마의 휴일〉에 나오는 오드리 햅번처럼. 내 구두가 바닥에 부딪힐 때마다 작은북을 치는 듯한 경쾌한 소리가 났다. 리듬감 있는 그 소리에 기분이 한껏 더 들떠 올랐다. 달콤한 아이스크림이 입속에서 사르르 퍼져가자 온몸이 녹아내리는 것만 같았다. 이렇게 좋은 날을 마음껏 즐기기란, 너무도 쉬웠다.

전날 서윤과 나누었던 대화가 떠올랐다.

"이렇게 많은 사람들이 햇볕을 쬐고 있는데도 태양 에너지가 무한정 쏟아지네요. 지금까지 저는 태양을 등지고 있어서 이 에너지를 느끼지 못했나 봐요. 마찬가지로 부의 에너지도 어디선가 풍족하게 쏟아지고 있었겠죠?"

"네, 태양은 우리가 등 돌리고 있는 그 순간에도 언제나 그 자리에 있죠. 방향을 바꾸기만 한다면 언제든 따사로운 햇볕을 누릴 수 있어요."

서윤의 목소리가 음악처럼 느껴졌다. 그때 걸음을 옮기던 서윤이 길 한가운데서 갑자기 발걸음을 멈추었다. 그녀의 시선을 따라 고개를 돌리자 페도라를 쓴 거리의 악사가 눈에 들어왔다. 기타를 치고 발을 구르며 이탈리아 민요를 노래하는 남자를 보고 서윤은 환하게 웃고 있었다. 흥겨운 연주가 끝나자 그녀는 아낌없이 박수를 치고는 기타 박스에 꽤나 넉넉한 돈을 넣었다. 그녀는 지금 Having을 하고 있었다.

만약 나 혼자 이곳에 왔다면 어땠을까? 아마 걱정과 불안에 사로잡힌 채 시간만 낭비하고 있었겠지. 어디로 가야 하나, 이번 여행에 든 돈을 생각하면 좀 더 많은 곳을 봐야 하지 않을까, 휴가가 끝나고 돌아가면 무슨 일부터 처리해야 했더라… 이런 쓸데없는 생각들만 하면서. 하지만 Having을 배우고 나자 이제 햇살을 향해 몸을 돌릴 수 있게 되었다.

지역에서 꽤 유명하다는 식당에 자리를 잡은 뒤 나는 서윤에게 물어보았다.

"아까 보니까 일상 속에서도 Having을 하시는 것 같았어요. 저도 지금 당장 Having을 실천하려면 어떻게 해야 할까요?"

GURU'S QUOTES

"지금 이 순간을 사는 것, 그게 Having의 첫걸음이에요."
"태양은 항상 그 자리에 있죠. 우리가 등 돌리고 있는 그 순간에도요. 방향을 바꾸기만 한다면 우리는 언제든 따사로운 햇볕을 누릴 수 있어요."

10

진짜 부자

마침 주문한 티본스테이크가 나왔다. 지글거리는 고기 위로 기름 방울들이 춤추고 있었다. 먹음직스러운 음식을 보자 입에서 군침이 돌았다.

서윤이 포크와 나이프를 집으며 말했다.

"이 스테이크의 맛과 향, 식감까지 충분히 느껴보세요. 태어나서 처음 스테이크를 먹는 기분으로요."

한 조각을 잘라서 입에 넣었다. 소금과 후추로 적당히 간이 된 고기가 입에서 부드럽게 씹혔다. "음, 맛있어." 나도 모르게 감탄이 터져 나왔다. 나는 서윤이 말한 대로 눈을 감고 그 맛을 천천히 음미한 뒤 고기 조각을 꿀꺽 삼켰다.

"정말 맛있어요! 그런데 맛있다는 느낌 말고는… 잘 모르겠는데요?"

"Having의 시작으로는 훌륭해요. 지금 이 순간 온전히 맛에 집중하면서 즐겁게 먹는 행위에 빠져드는 거죠. 그게 지금을 100%로 사는 느낌이에요."

서윤이 눈을 크게 뜨며 엄지손가락을 세워 올렸다.

열띤 칭찬을 받자 첫 걸음마에 성공한 아기가 된 기분이었다. 뭔가 큰일을 해낸 듯 가슴이 뿌듯했다. 내친 김에 진도를 더 나가고 싶은 마음도 들었다. 얼른 한 조각을 더 잘라 입에 넣은 뒤 스테이크 맛에 집중해보았다. '너무 맛있다! 이탈리아까지 날아와서 이런 음식을 먹을 수 있다니 너무 행복해! 부자가 된 것 같아!'

처음이라서 그런 건지 Having을 하는 것이 좀 낯설었다. 하지만 어렵다는 생각은 들지 않았다. 순간의 기쁨에 머무르며 그 느낌을 즐기는 것, 그것이면 충분했다. 이 순간에 집중하려고 노력할수록 내 감정도 점점 더 선명하게 느껴졌다.

"느낌이 점점 강해지는데요. 지금 잘하고 있는 걸까요?"

서윤이 미소를 띠며 고개를 끄덕였다.

"궁금한 것이 하나 있어요. 부자들도 다 Having을 할까요?"

기다렸다는 듯 서윤이 바로 대답했다.

"네, Having은 그들의 생활에 녹아 있죠. 스스로 느끼지도 못할 만큼 자연스러운 태도로 굳어져 있어요. 사실 진짜 부자들은 Having을 삶의 일부처럼 실천하고 있답니다."

"진짜 부자라니요?"

"세상에는 두 종류의 부자가 있어요. 진짜 부자와 가짜 부자죠."

그녀가 차분하게 말을 이어갔다.

"10만 명의 데이터를 분석한 결과 진짜 부자들에게 공통점이 있었어요. 모두 Having을 하고 있다는 점이죠. 그들이 부를 형성한 과정을 봐도 Having은 분명 부로 가는 가장 빠르고 효율적인 방법이에요."

"진짜 부자들도 돈을 기쁘게 쓴다는 말씀이시죠? 부자들이야 돈이 많으니깐 있음을 느끼기가 더 쉬울 것 같아요."

"홍 기자님, 에너지와 물질 중 무엇이 먼저일까요?"

생각지도 못한 질문에 순간 당황했다. 혼란스러워하는 내 표정을 보고 서윤이 눈을 찡긋하며 힌트를 주었다.

"우리의 감정은 대표적인 에너지 중 하나예요. 그리고 물질 중 하나는 돈이겠죠."

어떻게든 답을 찾아내려고 애써보았다.

"그렇다면… 물질이 먼저, 에너지가 나중 아닐까요? 돈이 있으면 누구든 기분이 좋을 것 같아요. 쓰는 것도 즐겁게 느껴질 거고요."

서윤이 천천히 고개를 저었다. 다 괜찮다는 듯 따뜻한 표정이었다. 힘을 내서 다시 시도해보았다.

"아! 그러면 에너지가 물질보다 우선이라는 거네요. 좀 어려운 것 같아요. 돈이 없어도 기쁨을 느낄 수 있다니… 원인이 있어야 결과도 있을 것 같은데…."

서윤이 활짝 웃으며 손바닥을 마주쳤다.

"맞아요! 원인과 결과."

"네?"

"눈에 보이는 사실에 속지 마세요. 진실은 의외로 간단해요. 긍정적인 에너지로 돈을 누리면 반드시 더 큰돈을 당겨올 수 있어요. 에너지는 원인, 물질은 결과로 따라오죠."

서윤과 대화하다 보면 이렇게 알듯 모를 듯한 질문을 받을 때가 있었다. 하지만 하나씩 대답하며 대화를 따라가다 보면 어느새 '아하'의 순간이 찾아오곤 했다. 한참 지나고서야 알게 되었다. 서윤은 소크라테스식 대화법을 써서 내가 스스로 답을 깨닫도록 이끌어주고 있었다.

"그러면… 진짜 부자들은 돈이 있기 때문에 Having을 하는 것이 아니라…, Having을 해서 부자가 된 거네요. 돈이 있다는 걸 기뻐하면 더 큰돈이 찾아오고…, 그렇게 하면 저 같이 평범한 사람도 부자가 될 수 있겠네요?"

서윤이 환하게 웃었다.

"센스 있는 사람과 대화하는 것은 이래서 즐거워요. 정답이에요."

잠시 생각을 정리하듯 그녀가 쇄골 사이에 놓인 목걸이를 만지작거렸다. 움직이는 손을 따라 진주 펜던트가 은은한 빛을 뿜었다.

"진짜 부자는 돈을 쓰면서 그것을 기쁨으로 누릴 줄 알죠. 지금 주머니에 얼마가 있는지는 중요치 않아요. 돈을 쓰는 그 순간 Having을 하는 것이 핵심이에요. 그 감정 에너지로 돈을 끌어당기거든요. 아무리 작은 액수도 상관없어요. Having은 단돈 1달러라도 '지금 나에게 돈이 있다'는 것에 집중하는 데서 시작해요. 그 감정이 커져갈수록 돈을 벌 수 있는 내 능력에 감사하게 되죠. 돈을 벌어다 준 세상에게도 감사하게 되고요. 그렇게 더 큰돈이 돌아올 것을 아는 것, 그것이 진짜 부자의 마음이에요."

GURU'S QUOTES

"긍정적인 에너지로 돈을 누리면 반드시 더 큰돈을 당겨올 수 있어요. 에너지는 원인, 물질은 결과로 따라오죠."

"진짜 부자는 돈을 쓰면서 그것을 기쁨으로 누릴 줄 알죠. 지금 주머니에 얼마가 있는지는 중요치 않아요."

"Having은 단돈 1달러라도 '지금 나에게 돈이 있다'는 것에 집중하는 데서 시작해요."

일본 '경영의 신'이 말하는 세 가지 은혜

마쓰시다 고노스케는 일본에서 '경영의 신'으로 불리는 기업가다. 부유한 가정에서 태어났지만 다섯 살이 되던 해 아버지가 파산하면서 집안이 기울었다. 그 때문에 어린 마쓰시다도 초등학교를 중퇴하고 자전거 점포에서 일해야 했다. 하루하루가 힘들었던 소년은 세상을 떠난 엄마를 그리워하며 밤마다 울곤 했다.

스물세 살이 되던 해 그는 100엔을 투자해 회사를 설립했다. 훗날 내셔널, 파나소닉 등을 거느리고 연 매출 5조 엔을 달성하게 된 '마쓰시다 전기'였다.

어느 날 한 기자가 세계적인 기업가가 된 그에게 이런 질문을 던졌다.

"회장님, 큰 성공을 거두게 된 비결이 무엇입니까?"

"하늘이 주는 세 가지 은혜가 있었습니다. 가난한 것, 허약한 것, 못 배운 것이 그것이지요. 그 은혜 덕분에 성공할 수 있었어요."

"네? 하늘의 은혜라니요? 그건 모두 불행 아닌가요?"

"가난함 덕택에 성실함의 중요성을 일찍 깨달았어요. 허약하게 태어나서 건강의 소중함을 알고 몸을 아낄 수 있었고요. 초등학교 4학년 때 중퇴했기 때문에 항상 배움에 관심을 가졌습니다."

남들이 불행하다고 여기는 환경에서도 마쓰시다는 Having을 마음에 품었다. 그는 자신이 가지고 있는 것에 집중했고, 그것의 긍정적인 면을 보았다. 그 결과 불우했던 소년은 일본 최고의 부자가 될 수 있었다.

11

가짜 부자

"그럼 가짜 부자란 뭔가요?"

"가짜 부자들은 돈을 쓸 때 '충분하지 않다'는 생각에 사로잡히게 돼요. '있음'보다 '없음'에 더 집중하는 셈이죠. 그들에게 돈이란 쓰면 안 되는 것이에요. 혹독하게 절약하고 아끼지 않으면 큰 위험이 닥칠 거라 믿는 거죠. 가짜 부자는 돈을 언제 끊길지 모르는 물줄기처럼 느낀답니다."

커피를 한 모금 마시고 서윤은 말을 이어갔다.

"결국 가짜 부자들은 돈을 쓰지도 못하면서 불안과 불만족의 에너지를 내보내게 돼요. 물론 그들이 서류상 백만장자일 수도 있어요. 하지만 그건 아무 의미 없죠. 돈이 나가는 구멍을 꽁꽁 동여매고 있거든요."

"아… 저도 마찬가지예요. 부자가 되려면 아끼는 법밖에 없다고 믿어왔어요."

"아끼는 마음이 어디서 나오는지 생각해보면 쉬워요. 당장 다음 달부터 월급이 전혀 들어오지 않는다고 생각해보세요. 지금 이 스테이크를 사 먹을 수 있을까요?"

어려운 질문이 아니었다.

"아니요. 한 푼도 쓰지 못할 것 같아요. 어떻게 될지도 모르는데 일단 아끼고 봐야죠."

"반면 다음 달부터 월급이 열 배로 오른다면요?"

상상만 해도 입가에 미소가 번졌다.

"돈이 그렇게 많은데 무슨 걱정이겠어요? 맛있게 먹고 마음껏 즐길 수 있겠죠."

대답하는 순간 이해가 되었다.

"진짜 부자와 가짜 부자의 마음도 이런 건가 봐요. 돈이 있다고 생각하는 것과 없다고 생각하는 것!"

잘 대답했다는 듯 미소를 보인 뒤 서윤은 이렇게 설명했다.

"안경을 쓰고 있다고 생각해보세요. 검은색 렌즈를 꼈을 때는 세상이 온통 검게 보이겠죠. 파란색 렌즈를 쓰면 모두 파랗게 보일 거고요. 마찬가지로 진짜 부자는 Having의 렌즈, 가짜 부자는 '없음'의 렌즈로 세상을 보게 되죠."

전날의 대화 한 토막이 떠올랐다. '있음'과 '없음'에 초점을 맞출 때, 세상이 각각 다르게 보인다고 한 설명이었다. 진짜 부자와 가짜 부자의 차이도 여기에 있는 걸까?

"그럼… 에너지가 물질에 우선한다는 법칙을 적용하면… 가짜 부자는 '없음'에 집중하기 때문에 돈을 밀어내겠네요."

문득 아버지의 삶이 떠올랐다. 가지고 있는 돈이 없어질까 봐 평생 걱정만 했던 우리 아빠. 돈이란 쓰는 게 아니라 갖고 있는 거라고 말하지 않았던가? 충분한 재산이 모인 뒤에도 아버지는 인생을 제대로 즐기지 못했다. 돈이 사라질까 봐 불안했기 때문이다. 마지막까지 병실을 옮기지 못하게 하신 아버지. 6인실 침대에 누워 아버지가 마지막으로 당부하신 말들이 떠오르자 갑자기 슬픔이 가슴속부터 목 끝까지 차올랐다.

"지금, 돌아가신 아빠가 생각나요…."

서윤은 따뜻하게 나를 바라보고 있었다. 진심을 다해 내 마음에 공감하는 듯한 눈빛이었다. 그 눈을 보자 갑자기 눈물이 툭 떨어졌다. 꾹꾹 참았던 슬픔이 이제서야 터져버린 것 같았다. 서윤이 울고 있는 내 어깨를 천천히 토닥였다. 서서히 슬픔이 잦아들었다. 그 손을 타고 치유의 에너지가 전달되는 듯했다.

"저는 꼭 진짜 부자로 살고 싶어요. 아끼기만 하다가 인생을 끝내고 싶지 않아요."

서윤은 에너지를 불어넣듯 짧게 말했다.

"그렇게 될 거예요."

잠시 감정을 추스른 뒤 우리는 원래의 대화로 돌아왔다. 궁금한 것이 더 남아 있었다.

"부자들은 행복하지 않다고들 하잖아요. 신문이나 책을 봐도 부와 행복 사이에 상관관계가 높지 않다고 하고요. 하지만 진짜 부자들은 그렇지 않은 것 같아요. 돈을 쓰는 그 순간을 즐기면서 행복하게 살잖아요."

내가 진정 꿈꾸는 삶은 오늘을 즐기는 행복한 부자였다. 내일을 위해 오늘을 희생하는 삶이 아니었다. 가짜 부자로 산다는 건 생각만 해도 끔찍했다. 금고에 돈을 가득 쌓아놓고도 쓰지 못하는 삶이라니. 나는 그들처럼 걱정과 불안의 노예로 살고 싶지는 않았다. 내 생각의 흐름을 읽은 듯 서윤은 커피잔을 양손으로 감싼 채 의자에 기대어 잠시 기다려주었다. 그러고는 고요하게 커피를 한 모금 마신 뒤 내 생각에 동의한다는 듯 고개를 끄덕였다.

"진짜 부자와 가짜 부자의 삶은 크게 다르죠. 그 이유는 시점이 다르기 때문이에요. 진짜 부자는 오늘을 살죠. 매일 그날의 기쁨에 충실하니까요. 가짜 부자는 내일만 살아요. 오늘은 내일을 위해 희생해야 할 또 다른 하루일 뿐이죠. 진짜 부자에게 돈이란 오늘을 마음껏 누리게 해주는 '수단'이자 '하인'이에요. 반대로 가짜 부자에게 돈은 '목표'이자 '주인'이죠. 그 돈을 지키고자 자신의 삶을 희생하는 거예요."

GURU'S QUOTES

"진짜 부자는 오늘을 살죠. 매일 그날의 기쁨에 충실하니까요. 가짜 부자는 내일만 살아요. 오늘은 내일을 위해 희생해야 할 또 다른 하루일 뿐이죠."

"진짜 부자에게 돈이란 오늘을 마음껏 누리게 해주는 '수단'이자 '하인'이에요. 반대로 가짜 부자에게 돈은 '목표'이자 '주인'이죠. 그 돈을 지키고자 자신의 삶을 희생하는 거예요."

부자의 금덩이

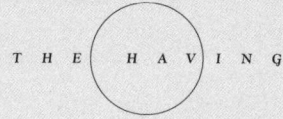

이솝 우화에 나오는 이야기다.

한 마을에 재산이 많은 구두쇠가 있었다. 전 재산을 털어서 금덩이를 산 구두쇠는 아무도 모르는 곳에 그걸 묻어두고는 밤마다 금을 꺼내보며 좋아했다. 어느 날 노비 하나가 조용히 주인의 뒤를 밟았다. 밤이 되기를 기다린 노비는 땅을 파서 금덩이를 꺼낸 뒤 멀리 도망가버렸다.

다음 날 보물이 사라진 것을 발견한 구두쇠가 자리에 주저앉아 울고 있었다. 그를 보고 지나가던 나그네 하나가 다가왔다. 자초지종을 들은 뒤 나그네는 이렇게 말했다.

"그만 우시오. 크기가 비슷한 돌 하나를 묻고 금이 있다고 믿으면 되겠소. 써먹지도 못할 것, 돌과 다를 것이 뭐가 있겠소?"

12

돈을 끌어당기는 힘

꽃

고작 몇 분이 지난 것 같은데 벌써 몇 시간이 흐른 뒤였다. 서윤과 이야기를 나눌 때는 늘 그랬다. 흥미로운 대화에 시간 가는 줄 몰랐다.

몸을 일으켜 식당 밖으로 나왔다. 오래된 도시에는 어둠이 깔리고 있었다. 우리는 천천히 걸음을 옮겨 피에트라 다리에 도달했다. 다리 위에 서서 강 건너편을 바라보자 붉은 지붕을 올린 집들 뒤로 오렌지빛 석양이 짙게 깔리고 있었다. 강물은 다리 아래에서 동그란 물살을 그린 뒤 갈 길을 재촉하는 듯했다. 멀리서 불어오는 선선한 바람에 기분이 절로 상쾌해졌다. 옆을 돌아보니 서윤도 난간에 팔을 걸친 채 이 풍경에 푹 빠져 있었다.

"이 바람과 석양까지… 너무 좋네요. 로맨틱한 분위기 때문에 이곳이 〈로미오와 줄리엣〉의 배경이 되었겠죠? 사실 저는 그 이야기를 별로 좋아하지 않아요. 비극으로 끝나잖아요."

두 눈에 붉은 석양을 가득 담은 채 서윤이 나를 천천히 돌아보았다.

"그 비극으로 두 가문이 화해했다는 걸 생각하면 기분이 나아지실 거예요. 이후 두 가문에서는 행복한 결말을 맞는 사람과 연인들이 나왔을 거라고 생각해요."

다른 이들보다 몇 단계 멀리 바라보는 서윤다운 시각이었다. 평소 궁금했던 질문이 떠올랐다.

"보통 새벽 네댓 시쯤 메일을 보내시던데요. 그 새벽에 일을 하시는지요?"

"혼자 있는 자유에 푹 빠질 수 있는 시간이죠. 일하기보다 명상과 사색, 연구를 해요. 부자들의 사례를 분석하고, Having의 비밀을 알아낸 것도 그 시간이 준 선물이죠."

서윤이 부드럽게 대답했다. 고요한 새벽녘, 자신과 대화를 나누는 서윤의 모습이 그려졌다. 나같이 평범한 이가 따라갈 수 없는 어떤 경지에 그녀가 가 있는 것처럼 느껴졌다. 하지만 그녀는 자신이 어렵게 얻은 지혜를 아낌없이 베풀어주고 있었다.

문득 전날 들려준 이야기가 생각났다. 누구나 자신만의 부의 그릇을 갖고 태어났다는 설명이었다. 문득 궁금해졌다. 진짜 부자는 그 그릇을 얼마나 채우게 될까?

내 질문을 듣고 서윤이 답을 주었다.

"진짜 부자는 적어도 70~80%, 드물게는 100%까지 채우죠."

"그럼 평균적인 소득을 가진 보통의 사람들은요? 우리는 그 그릇을 얼만큼 채우죠?"

"어느 정도 채울 것으로 보세요?"

"글쎄요. 절반 정도요?"

그래, 못해도 절반은 채우겠지. 합리적인 추론이 아니라 희망이 섞인 대답이었다. 신이 준 선물을 절반도 쓰지 못한다면, 너무 억울할 것 같았다. 그런데 아무리 계산을 해봐도 숫자가 맞지 않았다.

"하지만 생각해보니 절반이 안 되겠네요. 누구나 300~700만 달러를 가질 수 있다면… 적어도 100만~300만 달러는 갖고 있어야 할 텐데요…."

고개를 갸우뚱하며 돌아보니 묵묵히 강 너머를 바라보

는 서윤의 뒷모습이 보였다.

"안타깝게도 3분의 2 이상이 그릇의 10~20%만을 채우고 생을 마감하죠."

충격적이었다. 겨우 10%만 채우고 인생을 끝맺는다니, 울고 싶은 마음이었다.

"아… 좀 불공평해요. 절약하고 인내하며 얼마나 열심히 노력하는데… 겨우 그릇의 바닥만 찰랑찰랑 채운다니요. 우리가 아등바등하는 동안 진짜 부자는 기쁘게 돈을 쓰고 인생을 즐길 것 아니에요."

"맞아요. 부자가 아닌 사람들 중 부자보다 더 열심히 사는 사람들도 많아요. 부자가 되는지 여부는 노력과 정비례하는 것이 아니에요. 진짜 부자들은 같은 노력을 투입해도 돈을 더 많이 끌어당기는 방법을 알죠. 즉, 효율성의 문제란 거예요."

MBA 2학년 과정에 다닐 때였다. 나는 노트를 달달 외우며 국제경제학 시험을 준비하고 있었다. 그런데 시험지를 받아 들자 눈앞이 캄캄해졌다. 풀 수 있는 문제가 별로 없었던 것이다. 결국 그 시험에서 나는 꼴등을 하고 말았다. 개념을 제대로 이해하지도 않고 잘못된 방법으로 공부한 탓이었다.

부자가 되는 일도 그것과 비슷할 것 같았다. 잘못된 길을 고른 사람은 아무리 열심히 해도 C나 F를 받을 것이다. 반면 똑같은 노력을 쏟아도 쉽고 빠른 길을 선택했다면 A학점을 받을 수 있겠지.

"찌르르릉."

자전거 한 대가 벨 소리를 울리며 지나갔다. 흰 티셔츠와 청바지를 입은 여학생이 금발을 휘날리며 경쾌하게 페달을 밟고 있었다. 잠시 생각을 놓고 그 모습을 바라보고 있을 때 서윤이 나를 보고 질문을 던졌다.

"자전거 타는 것 좋아하세요?"

"그럼요, 어릴 적부터 많이 탔죠."

"자전거를 탈 때 발목의 각도에 따라 페달에 받는 힘이 다르다는 것을 경험한 적 있으세요?"

아까 그 여학생을 쳐다봤다. 언덕길에 접어들자 더 세게 페달을 밟는 모습이었다.

"맞아요. 발목 각도를 바꾸면 힘이 덜 들었어요."

"그게 바로 '힘점'이에요."

"아, 고등학교 때 배운 거 같아요. 어떤 물체를 움직일 경우 힘이 작용하는 점을 말씀하시는 거죠?"

"네, 맞아요. 힘점을 잘 맞추면 힘의 차이가 50배까지 달라질 수 있어요. 똑같이 자전거를 타도 언덕을 더 쉽게 오를 수 있다는 이야기죠. 못을 박을 때 망치 목을 잡는 것과 끝을 잡는 것을 비교해보면 이해가 쉬울 거예요."

똑같은 힘을 주어도 그 효과가 증폭될 수 있다는 말이었다. 그 설명을 곱씹어보자 놀라운 결론에 도달했다. 같은 노력을 해도 더 많은 돈을 끌어올 수 있다, 이런 뜻 아닐까?

"힘점이 존재하는 것처럼 효율적으로 부자가 되는 방법도 있다는 말씀이시네요. 그건 진짜 부자들이 알고 있는 비밀, Having 아닐까요?"

서윤이 기분 좋게 대답했다.

"역시 이해가 빠르시네요. 맞아요. Having은 자신에게 맞는 힘점을 저절로 찾아갈 수 있도록 도와주죠. 최소한의 노력으로 최대한의 효율을 낼 수 있는 시스템이 구축되는

GURU'S QUOTES

"진짜 부자들은 같은 노력을 투입해도 돈을 더 많이 끌어당기는 방법을 알죠. 즉, 효율성의 문제란 거예요."

"Having은 자신에게 맞는 힘점을 저절로 찾아갈 수 있도록 도와주죠. 최소한의 노력으로 최대한의 효율을 낼 수 있는 시스템이 구축되는 거예요."

거예요."

Having으로 섬을 산 남자

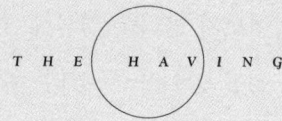

"선생님, 저는 돈을 많이 벌고 싶습니다. 적어도 2억 달러 이상을 원합니다. 그 돈으로 인생을 즐기면서 함께 일하는 사람들에게 보너스도 많이 주고 싶어요. 하지만 주변 사람들은 그 말을 믿지 않아요. 자본과 경험이 없고 나이까지 많은 제가 불가능한 꿈을 꾼다는 거죠. 그럼에도 꼭 부자가 되고 싶습니다. 제발 방법을 알려주십시오."

대학 교수 출신인 한 사업가가 찾아왔다. 서윤은 그에게서 남들이 보지 못한 가능성을 보았다. 순수한 믿음과 구루의 말을 실천할 수 있는 용기였다. 그녀는 Having을 가르쳐준 뒤 한 달 동안 그것을 실천하라고 권했다.

Having을 배운 사업가는 매일 '있음'을 느끼려고 노력했다.

'사업을 운영할 돈이 있으니까 이렇게 출근할 수 있구나! 이 기쁨을 마음껏 느껴보자.' 스스로를 이렇게 북돋우기도 했다. '신용이 있으니까 빚도 낼 수 있는 거야. 이자를 낸다는 것 자체가 돈이 있다는 증거지.' '월급날이 되었네. 직원들에게 줄 돈이 있음에 감사해야지.'

한 달 후, 그가 한결 밝아진 얼굴로 찾아왔다.

"Having을 하면서 제가 가진 것들이 많다는 것을 알게 되었어요. 탄탄한 기술력과 좋은 연구진들이 있더라고요."

"중요한 건 그 깨달음을 가슴으로 느끼는 거예요. 그 사실들이 어떤 감정을 불러일으키나요?"

"우선 마음이 편해졌어요. 걱정과 불안이 줄어들고 기쁨과 감사를 느끼게 되었죠. 할 수 있다는 희망이 생기자 온몸에 새로운 에너지가 도는 것 같아요."

그는 직원들에게 Having 정신을 전파하는 것도 잊지 않았다. '과학자가 돈 버는 것을 보여주자'며 연구원들을 독려한 것이다. 얼마 후 그는 특허를 출원했고, 개발한 기술을 담보로 100만 달러의 투자까지 유치하게 되었다.

위기를 벗어난 다음에도 커다란 행운은 계속 찾아왔다. 로열티를 받고 기술이 수출되면서 회사의 매출도 수억 달러에 이르게 되었다. 부자가 된 사업가는 섬과 말 목장을 사들였고,

직원들에게 특별 보너스도 나눠주었다. 자신이 꿈꾸던 그대로 이루어진 셈이었다.

아버지가 남긴 유산, Having

 이십 대 후반의 한 여성이 침울한 표정으로 서윤을 찾아왔다. 부유한 가정에서 자란 그녀는 고등학교 시절 커다란 시련을 만났다. 아버지가 갑자기 세상을 떠나면서 그녀와 가족들도 경제적 어려움을 겪어야 했다. 대학에 가서도 혼자 힘으로 학비를 조달해야 했고 남들처럼 해외 여행을 가거나 연애를 즐길 수도 없었다. 몇몇 친구들은 형편이 어려워진 그녀를 외면하기까지 했다.

 힘든 시기를 거치면서 그 여성이 마음에 새긴 것이 하나 있었다. 바로 아버지가 남긴 교훈이었다.

 "늘 가진 것에 감사하라고 하셨죠. 마음이 부자라면 언제든 위기를 극복할 수 있다면서요. 가진 것을 나누라는 말씀도 하셨어요. 아버지 자신도 직원들의 자녀에게 장학금을 주고, 어려운 이웃을 도우셨거든요."

그 여성은 눈물을 글썽거리며 서윤을 바라봤다.

"하지만 아버지가 돌아가신 후 모든 것이 혼란스러웠어요. 사는 것이 힘들어서 그런지 귀중한 교훈을 잊고 살았네요."

학교를 졸업한 뒤 그녀는 작은 잡지사에서 계약직으로 일하게 되었다. 하지만 친구들이 부모의 도움을 받아 좋은 스펙과 커리어를 쌓는 걸 볼 때마다 심한 박탈감이 느껴졌다. 서윤을 찾아온 것도 그때였다. 예전에 아버지가 서윤에게 자문 받았다는 사실이 기억난 것이다.

"아버지에게 많은 정신적 유산을 받으셨네요. 그것을 현실 속 기회로 만들어낼 수 있는 재능이 있으세요. 지금부터 3개월 이내 아버지의 인연을 통해 좋은 기회를 얻게 되실 거예요."

조용히 경청하던 그녀가 눈물을 흘렸다.

"솔직히 아버지를 원망하기만 했어요. 정신적 유산은 생각지도 못했네요. 늘 가진 것에 감사하라고 하셨는데… 그 귀중한 교훈을 왜 잊고 살았던 걸까요?"

Having을 시작하자 그녀의 인생도 조금씩 변하기 시작했다. 가진 것에 감사하고 '있음'에 집중할수록 자신과 세상을 믿고, 보다 적극적으로 일하게 된 것이다. 어느 날 결정적인 기회가 찾아왔다. 선배 하나가 결근하는 바람에 운수업체 대표를 대신 인터뷰하게 되었는데, 마침 그 대표가 아버지에게 큰 도움을 받았던 사람이었다.

"자네 아버지에게 받은 은혜에 보답하고 싶네. 우리 회사로 와서 일해주게."

Having을 하던 그 여성은 행운이 올 거라는 확신을 갖고 자신 있게 제안을 받아들일 수 있었다. 그리고 이직한 후 그녀는 적극적으로 업무 영역을 넓혀갔다. 직원들이 겪는 애로사항을 해결하는 데도 앞장섰다. 이 같은 일들이 반복되자 그녀는 능력을 인정받으며 고속 승진을 거듭했다.

7년이 지난 뒤 그 여성은 회사의 CEO가 되었다. 이후에도 그녀가 믿는 대로 행운이 거듭 찾아왔다. 인수한 벤처 회사도 대박이 나면서 회사의 매출도 세 배로 뛰었고 그 결과 그녀 자신도 부자가 되었다. 그리고 부자가 된 지금, 그녀는 재단을 설립해 장학금을 나눠주며 사회 공헌에 전념하고 있다. "나눌 수 있는 부가 있음에 감사하라"는 아버지의 말씀을 잊지 않았던 것이다.

○ ○ ○

기자 시절 만났던 사람들이 떠올랐다. 천 달러가 넘는 와인을 마시며 가진 돈을 자랑하던 부자는 알고 보니 회사 돈을 횡령한 사람이었다. 얼마 안 가 그 사실이 발각되면서 그 또한 철창신세를 지게 되었다. 직원들의 월급은 올려주지 않으면서 자신만 높은 배당을 챙기던 경영자도 있었다. 곧 내부 고발자에 의해 회계 부정이 폭로되면서 그의 회사도 망하고 말았다.

그러나 서윤이 일러준 진짜 부자들은 달랐다. 그들은 Having을 통해 돈과 행운을 끌어당겼고 부자가 된 지금도 풍요를 나누며 어려운 사람들을 돕고 있었다. 내가 진정으로 원하는 삶도 그것이었다.

13

귀인

바람이 서늘해지고 있었다. 오늘의 만남을 곧 마무리해야 한다는 신호처럼 느껴졌다. 아직도 질문할 것이 많았다. 나는 조급해진 마음으로 물었다.

"Having을 하는 진짜 부자들이 남들보다 수십 배의 부를 끌어당기는 비결이 궁금합니다. 그 돈은 어떻게 들어오나요? 복권에라도 당첨되는 걸까요?"

"경로는 다양하지만, 대부분은 사람과의 인연을 통해서 들어오게 되죠."

조금 실망스러웠다. 뭔가 좀 공평한 것 같지 않아서였다. 좋은 인맥이나 부모의 도움이 있어야 한다는 뜻으로 들리기도 했다.

"사업 아이템이나 주식 정보를 알려주는 사람이 있었다는 것인지요? 아니면 취직 자리를 소개받거나 너그러운 상사에게 보너스를 받았다는 말씀이신가요?"

"인연의 종류와 성격, 그리고 어떻게 돈이 들어올지는 사람마다 달라요. 하지만 진짜 부자들의 공통점은 좋은 인연을 알아보고 그것을 소중히 가꿔간다는 데 있죠. 그들이 인연을 통해 Having의 과실을 거두게 되는 것도 이 때문이죠."

여기서 '귀인貴人'이라는 단어가 생각났다. '나에게 좋은 일이 생기도록 도와주는 귀한 사람'이란 뜻이었다.

"아, 좋은 인연이란 귀인과 같은 말인가 봐요."

서윤이 고개를 끄덕였다. 나는 계속 물었다.

"그럼 도대체 어디에서 귀인을 만날 수 있을지요? 제가 아는 사람들, 친구나 직장 동료들은 다 뻔한데…. Having을 하면 귀인이 '짜잔' 하고 나타날까요?"

내가 양팔을 벌리고 우스운 표정을 짓자 서윤이 유쾌하게 웃었다.

"그건 사람마다 다르죠. 다만 많은 사람들이 친구나 상사 등 직접 아는 사람만이 귀인이 될 수 있다고 오해해요."

무슨 말일까? 직접 알지 못하는 사람도 내게 도움이 될 수 있다고?

"저도 평생 귀인들의 도움을 받았지만, 대부분 직접 만난 적은 없어요."

이 대목에서 전직 기자로서의 호기심이 발동했다.

"선생님껜 어떤 분들이 귀인이었는지 궁금하네요."

"어릴 적 저를 키워주셨던 유모가 있어요. 그분을 통해 진정한 사랑을 배웠죠. 대가를 바라거나 소유하려 하지 않는 사랑 말이에요. 사랑은 전해지지 않으면 소용없다는 것도 알게 되었어요. 동서양 고전 속 철학자와 과학자, 사상가들도 제 귀인이죠. 어릴 적부터 상상 속에서 그들과 토론했거든요. 그 덕분에 깨달음을 얻고 배움을 넓힐 수 있었어요. 이렇게 직접 아는 사람이 아니어도 얼마든지 귀인이 될 수 있답니다."

여기까지 듣자 귀인을 통해 행운을 잡은 진짜 부자들이 생각났다.

1970년대 중반, 조지 루카스가 구상하던 영화가 하나 있었다. 제목은 〈스타워즈〉. 스토리와 캐릭터를 구축할 때 영감을 받은 것이 일본 감독 구로사와 아키라의 〈7인의 사무라이〉와 〈숨겨진 요새의 세 악인〉이었다. 〈스타워즈〉는

1977년 개봉 이후 제작비의 70배가 넘는 수익을 거두며 엄청난 성공을 거두었다. 덕분에 루카스 자신도 억만장자가 되었다.

1980년이 되자 이번에는 루카스가 구로사와를 돕겠다고 나섰다. 마음속 은인이 영화 제작에 어려움을 겪는다는 소식을 듣고 직접 팔을 걷어붙인 것이다. 그렇게 제작과 투자를 해결해 만들어진 영화가 바로 〈카게무샤〉. 지금까지도 세기의 명작으로 칭송받는 영화다. 그리고 1990년 아카데미 시상식에서 구로사와가 공로상을 받을 때 시상자로 나선 사람이 바로 루카스였다. 자신의 스승이자 은인에게 존경심을 표현하기 위해 직접 무대에 오른 것이다.

마윈 회장의 일화도 떠올랐다. 2017년 2월 알리바바의 마윈 회장이 호주의 뉴캐슬 대학에 2천만 달러의 장학금을 기부하겠다고 발표했다. 그가 아무 연고도 없는 호주에 거액을 기부하겠다고 나선 까닭은 무엇일까? 그것은 어린 시절 알게 된 켄 몰리 Ken Morley와의 인연 때문이었다. 16세의 마윈이 중국을 여행하던 몰리의 가족과 만난 것은 1980년. 이후 그를 '호주 아버지'라고 부르며 펜팔을 통해 우정을 나누었다.

몇 년 후 몰리가 마윈을 호주로 초청했을 때였다. 비자가 계속 거절당하는 바람에 마윈이 곤란을 겪자 몰리가 끈질기게 대사관에 연락을 취했다. 덕분에 마윈은 일곱 번의 신청 끝에 비자를 받을 수 있었다.

훗날 마윈은 호주에서의 경험을 이렇게 회상했다. "젊은 시절 내가 호주에서 보낸 시간에 대해 깊이 감사하고 있다. 문화와 풍경 그리고 무엇보다 호주인… 이 모두가 내 세계관을 바꾸는 데 큰 영향을 주었다." 그리고 2004년 사망한 몰리를 기리기 위해 마윈은 '호주 아버지'의 나라에 2천만 달러를 내놓겠다고 선언했다. 자신이 받은 도움을 보답하겠다는 뜻이었다.•

루카스의 귀인이 구로사와라면 마윈이 만난 은인은 몰리였다. 부자들의 사례를 살펴보니 이해가 더 쉬웠다. 귀인이 직접 돈을 가져다준 것은 아니었다. 대신 사람들을 부자가 되는 길로 이끌어주었다. 여기까지 생각하고 내가 말했다.

"사례를 살펴보니까 진짜 부자들도 귀인에게 보답한 것처럼 보여요."

• "Alibaba founder Jack Ma sets up Australian scholarship program in honour of late friend", Feb. 3rd, 2017, South China Morning Post

"맞아요. 무임 승차하는 사람은 없어요. 진짜 부자는 '공짜 점심은 없다'란 말을 명심하죠. 좋은 인연을 가꾸고 투자할 줄 아는 셈이에요."

"루카스와 구로사와가 서로 도와준 것처럼요."

서윤의 목소리에서도 에너지가 느껴졌다.

"그것이 전형적인 부자들의 인간관계예요. 행운의 선순환을 이루는 거죠. 홍 기자님도 감사하는 마음으로 선물을 산 적이 있을 거예요. 그때 기분이 어떠셨어요?"

"설레고 행복했어요. 상대가 기뻐할 걸 상상하니깐 기분이 더 좋았고요."

흐뭇한 표정을 지으며 서윤이 강조했다.

"그게 Having이에요. '있음'을 느끼니까 나누는 마음도 생기는 거죠. 반면 다른 사람의 덕만 보려고 한다면 귀인은커녕 사기꾼만 끌어당기게 되죠."

퍼뜩 정신이 들었다. 나의 귀인이 바로 앞에 있지 않은가! 세상 모든 부자들이 만나고 싶어하는 그녀, 서윤 말이다. 이토록 정성을 다해서 나를 끌어주다니, 고마운 마음뿐이었다. 은혜를 보답할 방법에 대해 생각하겠노라 나는 결심했다.

GURU'S QUOTES

"진짜 부자는 '공짜 점심은 없다'란 말을 명심하죠. 좋은 인연을 가꾸고 투자할 줄 아는 셈이에요."

"'있음'을 느끼니 나누는 마음도 생기는 거예요. 반면 다른 사람의 덕만 보려고 하면 귀인은커녕 사기꾼만 끌어당기게 되죠."

진짜 부자와 가짜 부자의 귀인

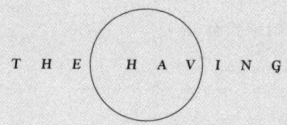

세계적으로 부동산 거품이 한창이던 2007년. 거품이 빠질 것을 내다본 서윤이 이렇게 조언했다.

"조만간 부동산 거품이 꺼지게 됩니다. 앞으로 3분기 내에 부동산에서 손을 떼는 것이 좋겠습니다."

같은 조언을 들은 두 부자가 있었다. 첫 번째 부자는 Having을 통해 부동산 투자에 성공해 재산을 수억 달러로 불린 사람이었다. 직관력이 좋았고 인맥 관리에도 뛰어났을 뿐 아니라 귀인을 소중하게 받들 줄도 알았다. 서윤의 충고를 듣고 그는 주저하지 않고 자산을 현금화하기 시작했다. 그리고 조심스럽게 물었다.

"선생님, 그럼 어디에 투자해야 할까요? 평생 부동산만 해봐서 주식은 잘 모릅니다."

"지금까지 돈을 벌어온 패턴을 분석해보면 공격적인 주식 투자보다 외환이 낫겠어요."

그는 바로 실행에 옮겼다. 얼마 후 금융 위기가 닥치자 부동산 경기가 침체되고 달러값이 치솟았다. 외환으로 큰 이득을 본 그는 싼 값에 부동산을 다시 사들였고 그 과정을 통해 재산을 두 배 이상 불릴 수 있었다.

"선생님, 정말 감사합니다. 덕분에 위기를 넘겼을 뿐 아니라 큰돈까지 벌 수 있었어요. 제가 도움을 드릴 일이 있다면 언제든 말씀해주세요."

반면 자영업을 통해 재산을 늘린 두 번째 부자는 서윤의 말을 들은 뒤에도 계속 망설이기만 했다.

"평생 다른 곳에 투자해본 적이 없습니다. 그래도 부동산이 제일 안전한 투자처 아닐까요? 괜히 위험을 감수했다가 애써 모은 돈을 잃게 되면 어쩌죠?"

젊을 때부터 식당을 운영해온 그는 지폐 한 장까지 아끼며 살아온 사람이었다. 매일 저녁 다리미를 꺼내 그날 벌어들인 현금을 모두 다릴 정도로 돈을 아끼기만 했다. 그런데 갑자기 투자 대상을 바꾸라니, 받아들이기 힘들었던 것이다.

얼마 안 가 시장이 폭락하자 부자의 현금 유동성 또한 악화

될 수밖에 없었다. 대부분의 재산이 부동산에 묶여 있었기 때문이다. 결국 다른 사업에 투자할 수도 없게 된 그는 오랜 기간 재정적인 어려움을 겪어야 했다.

고등학생 구루가 되다

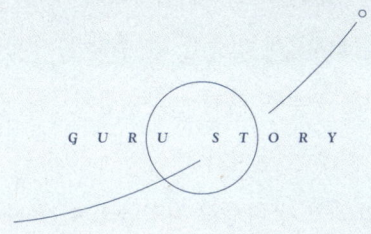

"학교 앞에 웬 고급 차가 이리 많지? 복잡하게 말이야!"

친구들이 내뱉는 푸념을 고등학생 서윤은 그저 듣고만 있었다. 차 안에 탄 사람들이 누구인지 알고 있었기 때문이다. 그들은 서윤을 만나기 위해 학교 앞으로 몰려든 사람들이었다.

일곱 살부터 시작한 운명학 공부에 서윤은 무섭게 몰입했다. 매일 몇 시간에 걸쳐 고전을 탐구하고 사례를 분석해 나갔다. 유달리 총명한 아이였기에 배우는 속도가 매우 빨랐다. 반년이 지나자 할머니가 더 가르칠 것이 없을 정도였다. 이후 전국의 유명한 고수들을 찾아가 다양한 기법을 익혔으나 그조차도 한계가 있었다. 어느 수준에 이르자 스승들도 서윤의 질문에 답하지 못한 것이다. 결국 혼자 힘으로 그 답을 찾아내는 수밖에 없었다.

매일 새벽 네 시에 하루를 시작하는 것. 어린 시절부터 지금까지 하루도 빠지지 않고 지켜온 일과다. 이 시간 서윤은 명상을 통해 내면의 에너지에 집중한 뒤 수많은 사례들을 비교하고 분석해 나갔다. 공부를 하면서 일찌감치 터득한 사실이 있었다. 통찰력을 키우는 열쇠가 데이터에 있다는 사실이었다. 역사적 인물들의 자료나 다양한 사람들의 실제 사례를 검토하다 보면 책에서 얻지 못한 깨달음이 찾아오곤 했다.

그녀가 쓰는 분석 방법은 다양하다. 그중 하나가 같은 운명을 갖고 다른 시대를 살았거나 같은 운명으로 다른 나라에서 산 사람들을 살펴보는 것이다. 부자들의 데이터는 재산의 크기와 성격에 따라 보다 정밀하게 나뉜다. 같은 재산이 있는 사람도 부동산, 금융, 현금 중 무엇이 많은지에 따라 분석된다. 금융 자산에서는 주식, 채권, 파생 상품의 비중까지 검토되고 주식의 경우 직접 투자인지 간접 투자인지, 어떤 종목에서 언제 돈을 벌었는지, 이 모든 것이 구체적으로 살펴진다.

부자들은 재산 규모에 따라 한 번 더 나뉘게 된다. 1억 달러 이하는 1천만, 2천만, 4천만, 7천만, 1억 달러로, 그리고 1억~10억 달러의 구간은 세 단계로 구분되는 것이다. 여기에 중산층 및 서민층의 자료까지 더한 결과 서윤은 과학적 통계 모델을 완성할 수 있었다.

분석 결과에 따르면 사람들이 가진 부의 그릇은 그 크기와 성격이 모두 달랐다. 어떻게 마음먹느냐에 따라 그 그릇을 반도 채우지 못하거나 넘치게 채울 수도 있었다. 이 방법으로 매일 수십 건의 사례를 살펴본 결과 서윤은 고등학교 때까지 모두 수만 명에 대한 분석을 마칠 수 있었다. 이후에도 데이터가 계속 추가되면서 그녀의 모델 또한 끊임없이 발전하고 확장됐다.

행운과 부의 비밀을 탐구하느라 바쁜 와중에도 서윤은 학업을 등한시하지 않았다. 새벽 시간을 이용해 사례 연구에 몰두했고 학교에 가서는 수업에 집중했다. 그녀에게는 인생의 주인이 자기 자신이라는 믿음이 있었다. 학생이기를 선택한 것도 자신이기에 그 책임을 다해야 한다고 생각했다.

고등학교 1학년이 되자 서윤은 본격적으로 부자들의 자문에 응하기 시작했다. 그녀에 대한 소문이 퍼지자 돈 되는 정보에 민감한 부자들이 가만히 있을 리 없었다. 그들은 학교 앞을 빼곡히 메운 채 서윤을 기다리곤 했다.

교실에서도 같은 광경이 펼쳐졌다. 쉬는 시간만 되면 친구들이 몰려와 긴 줄을 만든 것이다. "이 대학에 꼭 가고 싶은데… 합격할 수 있을까?" "교회 오빠를 좋아하고 있어. 잘 되려면 어떻게 해야 하지?" "부모님 사이가 좋지 않아…. 두 분이 이혼하면 어쩌지?"

소녀들의 고민이란 때로는 심각하고 때로는 사소했다. 하지만 서윤은 그들의 질문을 외면하지 않았다. 단 몇 마디라도, 절실하게 필요로 하는 조언을 해주었다. 상대에게 돈이 있는지 없는지, 그들이 어른인지 청소년인지는 중요하지 않았다. '사람의 고통이란 외양만 다를 뿐 근본적인 감정에서 모두 비슷하다.' 수많은 사례들을 살펴보면서 그녀가 깨달은 점이었다.

내가 지켜본 서윤도 다르지 않았다. 그녀는 재벌과 대통령, 사회적 약자나 노숙자를 모두 똑같이 대했다. 세계적인 부자라고 특별하게 잘해주는 일도 없었다. 누구를 만나든 그들이 느끼는 고통에 귀를 기울이고 가장 필요로 하는 해결책을 제시해주었다. 이런 자질은 누구에게 배운 게 아니었다. 타고난 이였기에 가능한 것이다.

감정에 답이 있다

3

14

Having을 시작하다

한국에 돌아오고 시간은 빠르게 흘러갔다. 이탈리아에서 서윤을 만난 사실이 꿈만 같이 느껴졌다. 코발트색 코모 호수를 배경으로 길게 드리워진 햇살을 받고 있던 서윤. 그녀는 고요하고 차분한 눈빛으로 이렇게 말했다. 나도 부자가, 그것도 진짜 부자가 될 수 있다고.

하지만 막상 한국에 돌아오자 Having을 하는 것이 막막하기만 했다. 다시 곱씹고 생각해보기도 전에 나는 정신없는 일상 속으로 빨려 들어갔다.

내 생활은 늘 비슷했다. 알람이 울리면 뒤척일 수 있을 만큼 뒤척이다가 겨우 무거운 몸을 일으킨다. 커피로 잠을 깨운 뒤 아이를 어린이집에 데려다주고 출근하면 할 일이 산더미처럼 쌓여 기다리고 있다. 밀려드는 이메일과 전화, 보고서를 처리하다 보면 점심도 거르기 일쑤. 오후에 잡힌 회의와 미팅, 각종 콘퍼런스콜까지 참석하고 나면 어느새 퇴근 시간이다. 나는 끝내지 못한 일을 싸 들고 서둘러 집으로 돌아온다.

남편이 지방에서 일하기 때문에 네 살짜리 아들을 돌보는 일은 오롯이 나의 몫이다. 밥을 차려 함께 저녁을 먹고, 놀고, 씻기고, 책을 읽어준 뒤 재우고 나면 밤 열 시. 나는 졸린 눈을 비비며 컴퓨터를 켜고 남은 일을 처리한다. 그렇게 일하다가 밤 열두 시를 훌쩍 넘기고 나면 나는 TV 리모컨을 만지작거리다 잠이 들곤 한다.

그사이 마음속에서 들리는 서윤의 목소리는 점점 커져만 갔다. 그 소리가 커지다 못해 온몸에 울려 퍼지는 듯했다. 하지만 일상이 너무 바빠 며칠이 지나도록 아무것도 시작할 수 없었다. 일을 할 때도, 아이와 함께 있을 때도 늘 숙제를 못한 사람처럼 찜찜하기만 했다. 부자가 되기는커녕 이렇게 계속 쫓기는 삶을 살면 어쩌지? 언뜻언뜻 불안감이 밀려왔다.

어느 비 오는 월요일 아침이었다. 평소보다 막히는 길을 뚫고 출근한 나는 회사 앞 커피 전문점에서 줄을 선 채 한 주의 일정을 들여다보고 있었다. 핸드폰 화면을 꽉 채운 미팅과 보고서 일정에 숨이 턱 막히는 것 같았다. 절로 한숨이 나오던 그 순간, 어디선가 커피 볶는 향기가 흘러왔다. 그 향기를 맡자 자연스럽게 커피를 마시던 서윤이 눈앞에 떠올랐다. 맑고 투명한 그 음성도 귓가에 울려 퍼지는 듯했다.

"지금 이 순간을 사는 것, 그게 Having의 첫걸음이에요."

그래, 지금 Having을 시작해야겠어! 갑자기 새로운 결심이 솟아났다. 서윤의 모습과 목소리를 떠올려서일까? 그 생각만으로도 부족한 에너지가 채워지는 느낌이었다. 온몸에 새로운 활력이 돌면서 할 수 있다는 용기가 생겨났다.

마침 내가 주문할 차례가 돌아왔다. 나는 활기찬 목소리로 점원에게 말을 건넸다.

"안녕하세요! 좋은 아침이에요!"

계산대 건너편에 베레모를 쓰고 앞치마를 두른 남자 점원이 서 있었다. 이십 대 중후반 정도 될까? 아마 대학을 졸업하고 취업을 준비하는 나이쯤일 것 같았다. 작은 눈에 동그란 안경, 각진 턱의 이 청년은 늘 피곤한 얼굴이었다. 아마 나처럼 다람쥐 쳇바퀴 도는 하루를 살기 때문이리라. 아니면 내가 한창 바쁜 시간에 찾아오기 때문일 수도 있겠다.

그런데 오늘은 인사를 듣자마자 그 청년이 환하게 웃어 보였다.

"안녕하세요? 늘 주문하시는 카페라테로 하시겠어요?"

웃는 얼굴은 처음이었다. 내가 즐겨 찾는 메뉴까지 기억하다니. 아무래도 좋았다. 지금부터 나는 Having을 해볼 테니. 그 생각에 살짝 긴장감이 느껴졌다.

"네, 오늘도 같은 걸로 부탁해요."

자, 이제 Having 시간이다. 먼저 기분 좋게 카드를 내밀었다. 그리고 커피를 편하게 살 돈이 나에게 '있음'을 느껴 보았다. 문득 미국에서 공부하던 시절이 떠올랐다.

'그때는 학생 신분이었기에 쓸 수 있는 돈이 많지 않았지. 1달러라도 아끼기 위해 커피를 싸서 다니곤 했었어. 그런데 지금 나를 봐. 커피 한 잔쯤은 고민 않고 주문할 수 있게 되었잖아?'

생각만으로도 부자가 된 기분이었다. 나는 속으로 외쳐 보았다.

'그래, 나에게는 돈이 있구나! 커피를 살 돈이 나에게 있다!'

마침 계산대에 놓인 기계에 서명을 알리는 불이 들어왔다. 평소 같으면 귀찮았을 그 작업이 갑자기 즐겁게 느껴졌다. 돈이 있다는 증서에 사인하는 기분도 들었다.

계산이 끝나자 청년이 친절하게 커피를 건네주었다. 그것을 전해 받으며 나는 스스로에게 말했다. '이제 Having을 느껴보자. 이 순간을 즐기는 거야.'

먼저 컵을 두 손으로 감싸 안고 그 향기를 음미했다. 코 속으로 들어온 그 향기가 온몸을 채우는 것 같았다. 그다음 컵에 입을 대고 한 모금 마셔보았다. 따뜻한 액체가 목으로 넘어가자 온몸이 따뜻하게 채워지면서 손끝과 발끝까지 그 맛과 향기가 전해지는 것 같았다. 매일 마시는 것인데도 그 느낌이 완전히 달랐다. 태어나서 처음 마셔보는 듯 모든 것이 새롭기만 했다.

선 채로 몇 모금 커피를 음미하다 가게 문을 열고 밖으로 나왔다. 손 안의 커피 때문인지 질퍽거리는 길을 걸어도 발걸음이 가벼웠다. 우산 위로 떨어지는 빗방울이 음악 소리처럼 들려서 절로 콧노래가 나왔다. 〈사랑은 비를 타고〉에 나오는 진 켈리처럼 나도 우산을 접어들고 빗속에서 춤추고 싶은 기분이었다.

그렇게 발걸음을 옮겨 회사에 도착했다. 평소라면 시작

부터 가슴이 꽉 막혔을 월요일 아침이었다. 그런데 오늘은 달랐다. 내 손 안에 Having의 증거, 커피가 있지 않은가? 날아갈 듯한 그 기분을 즐기며 동료들과 인사를 나눴다.

"안녕하세요. 좋은 아침이에요."

"오늘 즐거운 일 있으세요? 얼굴이 좋아 보이네요."

마치 '사랑의 묘약'을 마신 것처럼 모두가 나를 보고 밝게 웃었다.

자리에 도착한 뒤 컴퓨터를 켜고 이메일을 열었다. 휘파람을 불면서 이메일 목록을 살펴보다가 낯익은 주소 하나가 눈에 띄었다. 그걸 보는 순간 갑자기 심장이 콩닥거리기 시작했다.

사실 한국에 돌아온 뒤 나는 서윤에게 연락을 취해놓은 상태였다. 다시 만날 수 있을 때 꼭 찾아뵙고 싶다고. 하지만 내가 원한다고 만날 수 있는 사람이 아니란 것도 잘 알고 있었다. 그런데 서윤에게 답신이 온 것이다. 그것도 몇 주 후에 프랑스 파리에서 만나자고 하면서. 메일 마지막에는 비행기 티켓을 보내주겠다는 말도 있었다.

메일을 읽는 찰나, 기쁨이 핏줄을 타고 온몸으로 흘러가는 것 같았다. Having을 시작하자마자 이런 일이 생기다니…. 벌써부터 내 인생에 무슨 마법이 작동하는 것일까?

15

소비할 때의 마음

몇 주가 흘러갔다. 비 오는 날 아침, Having을 시작한 이래 나는 가열차게 연습을 계속하고 있었다. 사실 Having은 생각보다 어렵지 않았다. 돈을 쓰는 그 순간 '있음'을 느끼기만 하면 되었다. 슈퍼에서 유기농 야채를 고를 때나 가족들과 외식을 할 때, 달콤한 향기가 나는 바디로션을 살 때… 이 모든 순간 내가 가진 것들을 즐기기만 하면 되었다.

Having에 시간을 많이 쓴 것도 아닌데 생각보다 빨리 변화가 느껴졌다. 돈에 대한 감정이 바뀌게 된 것이다. 예전에는 돈을 쓰고 나면 늘 이런 생각이 들곤 했다. '다른 곳에 가면 더 싸게 팔지도 몰라.' '비슷한 물건이 집에 있는데… 또 사는 건 낭비 아닐까.' 카드를 긁고 나면 무슨 잘못이라도 한 듯 죄책감이 몰려왔다. 쓸데없이 불안하고 초조한 마음도 들었다. 기분이 이렇다 보니 돈을 쓰는 것이 좋을 리가 없었다. 카드를 내밀고 난 후 나는 늘 찜찜하고 울적하기만 했다.

하지만 Having을 시작하자 돈을 쓰는 것이 즐거워지기 시작했다.

'우와, 부자가 된 것 같아. 지금 나는 진짜 부자들처럼 미래에 투자하고 있는 거야.'

'기분 좋게 쓸 돈이 나에게 있구나. 감사하게 생각해야지.'

월급에 대한 감정도 달라졌다. 사실 이전까지는 돈이 들어와도 별다른 감흥이 없었다. 집세와 교육비, 이자가 나가면 얼마나 남을지… 이걸 벌려고 아등바등 일만 했던가 생각하면 오히려 기분이 가라앉기만 했다. 그리고 며칠 후 텅 비어버린 통장을 확인할 때면 밀물처럼 허탈감이 밀려왔다. 그러나 이제 월급이 찍힌 통장을 보며 나는 이 순간을 살려고 노력한다.

'월급이 들어왔네. 이만큼 벌 능력이 나에게 있구나. 집

세와 아이 학원비를 내고 음식까지 살 돈이 생겼네. 이 기쁨을 실컷 만끽해야겠다.'

그렇게 서윤을 만나기로 한 날이 다가오고 있었다. 파리에 간다는 생각만으로 마음이 들떠 올랐다. 출발일을 앞두고 서윤에게 비행기표를 받은 날이었다. 좌석 번호가 좀 특이해서 찾아보니 비즈니스 클래스 티켓이었다. 나에게 시간을 내주는 것도 고마운데 이렇게 멋진 선물까지 주다니. 예기치 않은 배려에 가슴이 뭉클해왔다.

물론 Having이 항상 순탄했던 것은 아니다. 가끔 작은 위기들도 있었다. 그중 하나가 예상치 못한 세금고지서를 받은 일이었다. 밤늦게 돌아온 어느 날, 현관문을 들어서는데 탁자 위에 봉투 하나가 놓여 있었다. 발신처는 국세청. 보나마나 세금을 내라는 통지서일 것 같았다. 갑자기 고지서라니, 얼마나 될까? 너무 많이 나왔으면 어쩌지? 곧바로 봉투를 열기가 겁이 나 먼저 TV를 켜고 시간을 끌어보았다. 그런데 시선은 TV를 향해 있으면서도 마음은 계속 식탁 위로 뻗어갔다. 이 사이에 낀 고기처럼 종이 쪼가리 하나가 계속 신경을 거슬리게 했다. 다시 테이블 앞으로 돌아가 나는 숨을 크게 들이마셨다. 마음을 단단히 먹은 뒤 가위를 들고 봉투를 열었다.

종이에는 상당히 큰 숫자가 찍혀 있었다. 그것을 보는 순간 눈앞이 캄캄해지는 것 같았다. 완전히 잊어버리고 있었던 세금이었다. 기한이 지난 탓에 설상가상으로 과징금까지 붙어 있었다. 입안이 마르면서 가슴이 바싹바싹 조여오기 시작했다. '갑자기 수백만 원이나 내야 한다고? 생각지도 않은 돈이 나가겠네…' 평소의 나라면 당장 계산기부터 꺼내 들었을 것이다. 얼마를 더 아껴야 할지 고민하다 불안감에 잠까지 설쳤겠지.

그렇게 멘탈이 붕괴되려는 그 순간, 나는 스스로를 향해 외쳤다.

"잠깐! 진정하자. Having 하면 돼."

눈을 감은 채 나는 천천히 숨을 들이마시고 또 내쉬었다. 몇 번을 반복하자 미소 짓는 서윤의 얼굴이 떠올랐다.

"Having은 단돈 1달러라도 '지금 나에게 돈이 있다'는 것에 집중하는 데서 시작해요."

다정한 목소리가 마음속에서 울려 퍼지자 불안했던 마음이 조금씩 진정되기 시작했다.

"괜찮을 거야. 지금 나에게는 돈이 있어!"

인터넷을 열고 통장 잔고를 확인해보았다. 마침 여름 휴가를 가려고 모아놓은 여윳돈이 좀 있었다. 그걸 보자 힘이 솟았다.

"세금을 낼 돈이 충분하구나! 이 고지서가 나에게 돈이 있다는 증거네!"

마음이 한결 편안해지면서 종이 위에 찍힌 숫자가 더 이상 무섭게 느껴지지 않았다. 여세를 몰아 나는 핸드폰을 열고 바로 세금을 내버렸다. 그리고 편안하게 누워 깊게 잠이 들었다.

또 다른 위기가 온 곳은 백화점이었다. 명품 브랜드 매장 앞을 지나는데 신발 하나가 눈에 띄었다. 화려한 체인으로 장식된 사파이어색 샌들, 그걸 보자마자 나는 자석에 이끌리듯 매장 안으로 빨려 들어갔다. 당장 그 구두 앞으로 달려가 가격표부터 확인했다. 그 순간, 몸이 얼어붙는 것 같았다. 60만 원! 평소에 사던 것보다 서너 배나 비싼 가격이었다.

'아, 어떻게 하지? 좀 비싼 것 같은데….'

포기하고 다시 나오려는데 점원이 다가와 말을 걸었다.

"이 제품, 유명한 여배우가 신고 나온 거 아시죠? 이제 딱 한 켤레 남았어요."

연예인과 마지막 하나. 왜 이 말만 들으면 마지막 남은 이성까지 모조리 사라지는 걸까? 그 말을 듣고 나니 신발이 손에서 떨어지지 않았다. 나는 구두를 계속 만지작거리며 그 자리에서 서성거렸다. 그런데 좀 이상했다. 죄를 짓는 것도 아닌데 남의 시험지를 훔쳐보는 듯 뭔가 찜찜했던 것이다. 나름대로 합리화도 해보았다.

'그래, 구루도 말했잖아. 즐겁게 소비하면 부자가 될 수 있다고. 좀 비싸면 어때? 이 구두값보다 더 많이 벌잖아.'

고민이 길어질수록 점원의 눈에서도 레이저가 나오는 것 같았다. 압박에 못 이겨 하는 수 없이 계산대로 발걸음을 옮겼다. 그런데 한 걸음씩 내디딜 때마다 마음이 편치 않았다. 생각하면 할수록 지나치게 비싼 물건이었다. 무슨 잘못이라도 한 듯 온몸이 뻣뻣하게 굳어갔다.

카드를 내려고 하는 찰나, 서윤의 말이 귀에 울렸다. 동시에 단호하게 빛나던 그 눈빛도 떠올랐다.

"낭비는 Having이 아니에요. 자신이 진정으로 원하는 것을 찾으세요."

갑자기 정신이 번쩍 들었다.

'이건 혹시 내일이 없다는 마음 아닐까? 그건 낭비인데!'

사실 샌들을 사는 것이 전혀 기쁘지 않았다. 이렇게 구두를 사버린다면 후회할 것이 분명했다. 얼른 카드를 집어넣고 빈손으로 백화점을 나섰다. 뜻밖에도 그 순간 Having

이 느껴졌다. 아무것도 사지 않았는데도 온몸이 상쾌하게 날아오르는 것 같았다. 가벼운 발걸음으로 백화점을 나서며 나는 이렇게 생각했다. '사지 않기를 정말 잘했어. 그걸 샀다면 지금쯤 기분이 형편없었을 거야.'

운 좋게도 더 좋은 기회는 금세 찾아왔다. 파리로 떠나기 위해 공항에 갔을 때였다. 면세점 진열대에 마음에 쏙 드는 샌들이 하나 있었다. 낮은 굽에 작은 리본, 어떤 옷에도 잘 어울릴 만한 검은색 샌들이었다. 게다가 30% 세일을 하는 것 아닌가? 할인을 받으면 300달러 정도 나가는 가격이었다.

얼른 신발에 발을 집어넣은 뒤 내 모습을 거울에 비춰보았다. 아, 마음에 쏙 든다! 그건 충만한 행복이었다. 사도 되겠다는 편안한 확신이 들었다.

자, 이제 기쁨을 마음껏 즐기며 카드를 낼 차례였다. 서명을 하고 영수증을 받아 들자 그것이 꼭 무슨 증명서처럼 느껴졌다. 내가 좋아하는 물건을 살 수 있는, 내가 꿈꾸는 미래에 투자할 수 있다는 증명 말이다.

Having을 배우기 전의 나라면 어땠을까? 아마 돈을 쓰면서 이렇게 좋아하지 못했겠지. 꼭 필요한 것이 아니라면 죄책감부터 느꼈을 테다. 물건을 산 다음에도 나 자신을 한참이나 원망했을 것이다. 괜히 충동 구매를 했다고 하면서.

하지만 Having을 하고 나니 더 이상 내 결정이 불안하거나 찜찜하지 않았다.

깨달은 것이 하나 더 있었다. 사파이어색 샌들을 살까 고민했을 때와 기분이 완전히 달랐다는 것이다. 긴장감에 머리가 지끈거렸던 그때와 달리 이번에는 마음이 편안했다. 온몸에 신선한 활력도 돌았다.

"승객 여러분, 비행기가 곧 이륙하겠습니다."

안내 방송을 들으며 넓고 푹신한 비즈니스 클래스 좌석에 등을 기댔다. 몸이 의자에 녹아드는 것 같았다. 아, 벌써 진정한 부자가 된 것 같다.

16

새로운 키워드

백 년의 역사가 되었다는 파리의 한 호텔에서 나는 서윤을 기다리고 있었다. 고풍스러운 유럽식 가구에 와인색 카펫, 화려한 샹들리에까지. 으리으리한 호텔의 위용 앞에서도 나는 압도될 필요가 없었다. 내가 신은 블랙 샌들만 보고 있었기 때문이다. 발을 옆으로도 들어보고 앞으로도 들어봤다. 이리 보고 저리 봐도 기분이 좋았다.

그때 익숙한 음성이 들려왔다.

"기분이 참 좋아 보이시네요."

반가운 마음에 활짝 웃으며 몸을 돌렸다. 서윤이 내 앞에서 미소 지으며 서 있었다. 시스루 스타일의 크림색 블라우스와 꽃무늬가 그려진 머메이드 스커트를 입은 차림이었다. 핑크와 코럴이 섞인 톤으로 한 은은한 화장이 그녀의 매력을 돋보이게 했다.

"아, 돈이 참 좋다고 생각해서요."

인사도 하기 전에 이 말부터 나와 버렸다. 예의 없이 들렸을까 봐 걱정하고 있는데 서윤이 소리 내어 웃고는 경쾌한 톤으로 맞장구쳐주었다.

"홍 기자님, Having을 시작하셨군요!"

뒤늦게 안부 인사를 나눈 뒤 우리는 대화를 위해 객실로 향했다. 옛날 영화에 나올 법한 철제 엘리베이터에 올라타자 기계가 덜컹거리며 흔들렸다. 그 소리에 깜짝 놀란 나머지 내 몸이 자동으로 움츠러들었다. 막상 그러고 나니 겁 먹은 나 자신이 웃겨서 우리는 마주보며 키득거렸다. 오랜 친구를 만난 것처럼 편안한 느낌이었다.

그녀가 머무는 스위트룸에 들어서자 창문 너머로 멀리 에펠탑이 보였다. 군더더기 없이 깔끔한 거실에는 팔걸이가 있는 붉은 벨벳 의자와 모던한 베이지색 소파가 놓여 있었다. 어디에 앉을까 고민하다가 내가 소파에 살짝 걸터앉자 서윤도 내 맞은편으로 자리를 잡았다.

자리에 앉자마자 Having을 한 일들이 술술 터져 나왔다. 커피 전문점에서 Having을 결심한 그날부터 고지서를 받았던 것, 공항에서 구두를 산 일까지 전부 다. 서윤은 내 말을 들으며 빙그레 웃거나 고개를 끄덕였고, 때로는 편안하게 소파에 기대어 커피를 마시기도 했다. 전적으로 내 편인 듯한 그녀 덕분에 저절로 흥이 올라갔다.

"Having을 할수록 제 감정도 바뀌어갔죠. 이전에는 월급이 들어온 것을 봐도 늘 부족한 느낌이었어요. 돈을 쓸 때는 늘 죄를 짓는 것 같았고요. 그런데 이제 작은 것을 사도 기분이 너무 좋아요. 여기서 Having을 하면 더 많은 돈이 들어오게 되는 원리가 무엇인지 궁금해요."

서윤이 고개를 옆으로 살짝 기울이고 골똘한 표정을 지었다. 쉽게 설명하는 방법을 고민하는 듯했다. 몇 초가 지난 뒤 그녀가 다시 나를 바라보았다. 빛나는 눈빛이었다.

"홍 기자님과 인공지능AI이 여기 나란히 있어요. 둘이 동시에 쇼핑을 한다고 비교해보죠. 인터넷 검색을 하고, 무엇을 살지 결정하고, 구매까지 마쳤다면 이 과정에서 부자에 한발 더 다가서는 것은 누구일까요? 홍 기자님일까요, 아니면 AI일까요?"

"물건을 사는 과정을 통해 부자가 되는 쪽이 누구냐고 물어보시는 거지요?"

"맞아요, 바르게 이해하셨어요."

TV에서 본 바둑 경기가 기억났다. 사람과 AI가 맞붙은 그 경기에서 모두가 프로기사의 승리를 예측했었다. 하지만 결과는 AI의 압승이었다. 수많은 경우의 수를 살피며 가장 유리한 선택을 하는 AI를 이기기는 쉽지 않았다.

경기가 끝나자 언론에서는 부정적인 말들만 떠들어댔다. 앞으로 AI가 일자리를 빼앗아 갈 것이다, 사람들은 더 가난해질 것이고, 부는 특별한 일부에게 몰릴 것이다…. 모두 우울하고 두려운 예측뿐이었다.

"이기는 쪽은 인공지능이 아닐까 싶어요. 남은 돈이 얼마인지, 갖고 있는 물건이 무엇인지 검토한 뒤 가장 필요한 물건을 최저가에 사겠죠. 합리적이고 효율적인 소비를 할 거예요. 반대로 사람은 충동적이고 감정적이잖아요. 완벽하게 판단하지 못할 것 같아요."

내 말을 들은 서윤이 낭랑한 목소리로 말했다.

"가장 중요한 키워드를 찾아내셨네요."

제대로 답을 못한 것 같은데 키워드라니, 어리둥절할 수밖에 없었다.

"네? 효율적인 소비 말씀이신지요? 아니면 최저가에 사는 것일까요?"

"그것은 '감정'이에요."

"네? 사람은 감정에 휘둘리기 때문에 이기기 힘들 거라고 생각했어요."

서윤이 천천히 고개를 저었다.

"잘 알려지지 않은 사실이지만 감정이란 현실을 변화시키는 힘을 가진 귀중한 에너지예요. 게다가 감정 에너지는 생명력과 연결되어 있죠. 어떤 인공지능도 표현을 모방할 뿐, 실제적인 감정 에너지를 가질 수는 없어요. 하지만 감정을 잘 활용한다면 부를 가져다주는 원천이 될 수 있어요."

한 번에 이해할 수 없었다. 의아했다. 감정이 우리를 부자로 만들어줄 수 있다니? 확인하듯 다시 물어보았다.

"정말인가요?"

다시 한 번 강조하듯 서윤이 눈을 크게 뜨며 말했다.

"네. 자신의 상황을 바꿀 수 있는 열쇠는 생각이 아닌 감정이에요. 그동안 과학 기술의 발달로 우리는 이성의 힘을 맹신해왔죠. 하지만 이성이 지배하는 사회의 부속품이 되지 않으면서 주체적으로 더 나은 미래를 열 수 있는 비밀은 바로 '느낌'에 있답니다. 자신의 느낌으로 부를 창조하는 것, 그것이 바로 Having이죠."

GURU'S QUOTES

"감정이란 현실을 변화시키는 힘을 가진 귀중한 에너지예요. 게다가 감정 에너지는 생명력과 연결되어 있죠. 어떤 인공지능도 표현을 모방할 뿐, 실제적인 감정 에너지를 가질 수는 없어요. 감정을 잘 활용한다면 부를 가져다주는 원천이 될 수 있어요."

"자신의 상황을 바꿀 수 있는 열쇠는 생각이 아닌 감정이에요. 그동안 과학 기술의 발달로 우리는 이성의 힘을 맹신해왔죠. 하지만 이성이 지배하는 사회의 부속품이 되지 않으면서 주체적으로 더 나은 미래를 열 수 있는 비밀은 바로 '느낌'에 있답니다. 자신의 느낌으로 부를 창조하는 것, 그것이 바로 Having이죠."

그릇을 채우다

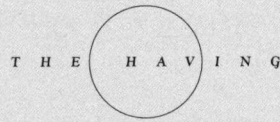

1억 달러 상당의 부동산을 지닌 한 부자가 서윤을 찾아왔다. 어려운 형편에서 성장한 그는 사업으로 번 돈을 부동산에 투자해 큰 부를 이룬 사람이었다. 어찌나 땅이 많은지 그가 소유한 곳을 밟지 않고는 고향 마을을 지날 수 없다고들 할 정도였다. 그 부자가 털어놓은 고민은 이랬다.

"선생님, 고향에 있는 땅을 처분하고 싶은데 영 안 팔립니다. 답답해서 요즘 입맛도 없어요. 헐값에라도 파는 것이 좋겠습니까?"

서윤은 여유 있는 미소를 지으며 답했다.

"좋은 기회가 오고 있네요."

"땅이 안 팔려서 괴롭기만 한데 좋은 기회라고 하시니… 무슨 말씀인지 잘 모르겠습니다."

안절부절못하는 그에게 서윤은 차분하고 단호하게 말했다.

"재운 그릇의 100%를 활용할 기회가 온 거예요. 축하드려요."

부자의 얼굴에도 생기가 돌기 시작했다. 그가 다급하게 물었다.

"그러면 어떻게 하면 되겠습니까?"

"지금부터 6개월 안에 그 부동산을 팔게 되면 큰돈을 놓치는 것과 다름없어요. 반드시 6개월을 기다렸다가 매매를 하세요. 그럼 지금 생각하는 것보다 1.5배 이상의 돈을 벌 수 있게 될 거예요."

"알겠습니다. 6개월을 더 기다리겠습니다."

"원래 큰돈이 들어오기 전에 돈의 흐름이 잠깐 막히곤 하죠. 많은 차량이 좁은 터널을 들어가기에 앞서 잠시 길이 막히는 병목 현상과 유사해요. 그래서 답답하게 느껴지기 쉬워요. 하지만 이 기간을 잘 보내야 터널을 지난 뒤 몇 배의 돈을 더 벌 수 있어요. 기다리는 동안 Having을 잘 하면 그릇을 넘치게 채울 수 있겠지만, 아니면 절반 정도 채우는 것에 그칠 거예요."

1년이 지나고 그 부자가 환하게 웃는 얼굴로 서윤을 찾아왔다.

"선생님 감사합니다! 땅 주변이 개발된다는 소식입니다. 가격이 급등해서 예상보다 세 배나 많이 받고 땅을 팔았습니다."

서윤이 빙긋이 웃으며 화답했다.

"축하드려요. Having을 통해 그만큼 내면의 힘을 잘 조율하신 결과예요. 그 마음가짐을 잃지 않으신다면 앞으로도 승승장구하실 거예요."

17

감정의 힘

🜚

내 앞에 새로운 문이 열리는 듯했다. 풍요의 열쇠가 바로 감정이라니. 그토록 찾아 헤맸던 파랑새가 내 가슴속에 있었다는 말 아닌가! 그 말은 물려받은 재산이나 천재적 두뇌, 엄청난 기술력이나 뛰어난 아이디어가 없어도 부자가 될 수 있다는 뜻이었다. 나는 흥분을 감추지 못한 채 물어보았다.

"어떤 감정을 말씀하시는 건지요?"

서윤은 평온하게 커피를 한 모금 마신 뒤 한 단어 한 단어 새기듯 말해주었다.

"지금 홍 기자님의 마음속에서 가장 자연스럽게 일어나

는 감정이요."

심장이 '쿵' 하고 내려앉는 것 같았다. 내가 느끼는 것에 대해 누군가 관심을 보이는 것이 도대체 얼마 만인지.

사실 나에게 감정이란 사치스러운 것이었다. 누구는 정글, 누구는 전쟁터라고 말하는 세상이다. 감정에 휘둘릴수록 경쟁에서 더 불리해질 것 같았다. 이런 생각 때문에 마음에서 느껴지는 것들을 일부러 외면했고 그럴수록 내 감정도 점점 로봇처럼 무뎌져 갔다. 이런 내가 낯설게 느껴진 것은 아버지가 돌아가셨을 때였다. 분명 가슴이 찢어질 듯 아픈데 눈물이 전혀 나오지 않았다. 내 스스로가 놀랄 정도로 침착하기만 했다. 여기까지 생각에 미치자 나는 침울해졌.

"지금껏 감정은 억눌러야 하는 거라고 생각했어요. 아버지를 잃고 나서 슬픔에 빠져들지 못했던 것도 그 때문이었죠. 돌이켜보니 잘못된 믿음이었나 봐요."

서윤이 나를 위로하듯 말했다.

"현대를 사는 우리는 생존을 위해 매일 치열한 전투를 벌이고 있어요. 우리는 이성만이 이 세상을 헤쳐 나갈 무기라고 세뇌당하고, 자신의 감정이 드러나지 못하도록 가면을 쓰죠. 하지만 지금의 상황을 벗어나 더 높은 곳으로 끌어줄 열쇠는 사실 우리 안에 있어요. 그 답이 바로 감정이거든요. 감정이란 우리가 태어날 때 우주에게 선물받은 에너지예요."

설명을 듣자 궁금한 것들이 계속 떠올랐다.

"제가 감정의 힘에 대해 잘 몰랐었나 봐요. 그건 어떤 원리로 작동되는 것인지요?"

내 질문을 예상했다는 듯 서윤은 자세를 고쳐 앉으며 말했다.

"양자 물리학에 대해 들어보셨을 거예요."

서윤의 말을 듣고 나중에 이 내용에 대해 추가로 더 공부해보았다. 일부 양자 물리학자들에 따르면 물질은 견고한 것이 아니라 파동이나 입자로 존재하는 것이다. 물질이란 해당 위치에 그것이 있을 확률일 뿐, 그 자리에 고정된 것이 아니라는 이야기다. 그것이 어디에 어떤 모습으로 존재할지 결정하는 것도 관찰자인 우리 자신이다. 바꿔 말하면 우리가 인식하는 대로 물질이 빚어지고 우리가 마음먹은 대로 눈앞의 세상이 바뀌게 된다. 하지만 서윤과 대화를 나눌 때는 이런 내용을 알기 전이었다. 그래서 그냥 얼버무릴 수밖에 없었다.

"용어는 들어봤지만, 정확히 무슨 뜻인지는…."

서윤은 테이블 위에 놓인 물컵을 살짝 들어 올렸다. 물이 반쯤 담긴 투명한 컵이었다.

"홍 기자님, 이 물컵이 과연 여기에 존재할까요?"

"물컵이 그 자리에 있는 걸로 보이지만요…. 그다음은…."

점점 자신이 없어져 나도 모르게 목소리가 작아졌다.

"기존의 물리학 시각으로 보면 홍 기자님과 컵은 각각 독립적으로 존재하는 거예요. 서로 영향을 미치지 않죠. 그런데 양자 물리학에서 보면 컵의 위치는 홍 기자님과 깊은 관계가 있어요. 거기에 있다고 인식하기에 존재하는 것일 뿐이거든요. 다른 말로 하면 모든 물질의 위치는 그곳에 존재할 확률적 분포예요."

설명을 되새기며 천천히 짚어보았다.

"인식에 따라 변할 수 있다면… 생각이 물질을 바꿀 수 있다는… 뜻일까요?"

잘 이해했다는 듯 서윤은 고개를 끄덕인 후 손을 뻗어 테이블 위에 놓인 쿠키를 집어 들었다. 초코칩과 얇은 아몬드가 박힌 과자였다.

"홍 기자님, 쿠키 만들어보셨어요?"

나도 한 개를 집어보았다. 구워진 지 얼마 안 되었는지 쿠키가 손 안에서 말랑거렸다.

"네, 베이킹 좋아해요. 주말이면 아이와 함께 쿠키를 만들거든요. 과자가 노릇노릇하게 익는 것을 보면 왠지 흐뭇하더라고요."

"그럼 지금 쿠키를 만든다고 상상해보세요. 손으로 직접 주무르는 반죽을 생생하게 느껴보세요."

잠시 눈을 감고 상상해보았다. 부드러운 밀가루 반죽이 내 손에 만져지는 듯했다. 반죽을 조금씩 떼내어 아이와 함께 동그라미도 빚고 하트 모양도 만들었다. 깔깔거리며 웃는 소리가 귓가에 퍼지는 듯했다. 입가에는 저절로 미소가 번져갔다.

내 얼굴을 보고 그녀 역시 흐뭇해하는 표정이었다. 그리고 오케스트라를 이끄는 지휘자처럼 다시 대화를 이끌어갔다.

"우리의 미래는 밀가루 반죽과 같아요. 다양한 가능성으로 존재하죠. 우리가 관찰하고 인식하고 느끼는 에너지가 반죽의 모양을 형성하는 거예요. 그리고 완성된 반죽이 굳으면 우리 앞의 현실이 되죠. 다시 말해 쿠키를 어떤 모양으로 빚고 구워낼지는 우리 손에 달려 있다는 말이에요."

"아, 알겠어요. 그 감정이 바로 Having이군요. 돈을 가지고 있다는 기쁨 말이에요. Having을 하면 풍요로운 세상이 우리 앞에 펼쳐진다는 말씀이시죠?"

"바로 맞췄어요. 우리는 자신을 둘러싼 세계를 스스로 바꿔갈 수 있어요. 미래를 창조할 수 있는 에너지를 가진 존재니까요. 감정이란 무기의 사용법을 제대로 익히기만 한다면 말이죠."

> "우리가 관측하는 것이 자연 그 본연의 모습이 아니라, 우리의 탐구 방법에서 드러나는 자연의 모습이라는 것을 기억해야 한다."
> — 베르너 하이젠베르크

> "몇 년 전 이탈리아 몬차의 시의회는 금붕어를 둥근 어항에서 키우는 것을 금지했다. 굴절된 어항에 가둬진 금붕어가 왜곡된 모습으로 바깥을 보는 것이 잔혹하다는 이유에서였다. 그렇다면 우리가 왜곡되지 않고 진정한 현실을 본다고 어떻게 확신할 수 있을까? 혹시 우리도 커다란 어항에 갇힌 채 거대한 렌즈에 의해 굴절된 세상을 보고 있는 건 아닐까?"
> — 스티븐 호킹, 《위대한 설계》

GURU'S QUOTES

"지금의 상황을 벗어나 더 높은 곳으로 끌어줄 열쇠는 사실 우리 안에 있어요."

"그 답은 바로 감정이에요. 감정이란 우리가 태어날 때 우주에게 선물 받은 에너지죠."

"우리의 미래는 밀가루 반죽과 같아요. 다양한 가능성으로 존재하죠. 우리가 관찰하고 인식하고 느끼는 에너지가 반죽의 모양을 형성하는 거예요. 그리고 완성된 반죽이 굳으면 우리 앞의 현실이 되죠. 다시 말해 쿠키를 어떤 모양으로 빚고 구워낼지는 우리 손에 달려 있다는 말이에요."

"우리는 자신을 둘러싼 세계를 스스로 바꿔갈 수 있어요. 미래를 창조할 수 있는 에너지를 가진 존재니까요."

턴어라운드 Turnaround

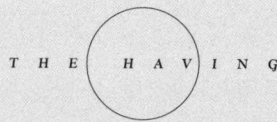

 의류 브랜드를 수입하는 사십 대 사업가가 어느 날 구루를 찾아왔다. 수백만 달러를 들여 레스토랑 체인을 시작했으나 1년이 지나도록 수익이 나지 않는다는 것이었다. 돈을 전부 날리는 꿈을 꿀 정도로 스트레스를 받던 그가 서윤에게 해결책을 구했다.

 서윤이 물었다.

 "보통 지갑에 현금을 얼마나 가지고 다니세요?"

 "20달러와 신용카드 하나입니다."

 그에게는 어릴 적 심부름을 다녀오다가 큰돈을 소매치기 당한 경험이 있었다. 그 일로 어머니에게 꾸지람을 들은 후부터는 돈을 갖고 다니는 게 무서워졌다고 한다.

"누가 가져갈까 봐 두려워서 현금을 많이 갖고 다니지 않습니다. 밖에 나가면 지갑에 돈이 있는지 자꾸 확인하게 돼서요."

서윤이 고개를 끄덕인 뒤 차분하게 일러주었다.

"지갑에 1만 달러를 넣고 한 달만 지내보세요."

"네? 그렇게 큰돈을요? 상상할 수 없을 정도로 큰 액수인데요…."

"너무 많다고 느낀다면 1천 달러부터 시작해보세요. 그다음 조금씩 액수를 늘려가는 거죠. 더불어 돈에 대한 자신의 감정의 변화도 느껴보세요."

서윤을 신뢰한 사업가는 그 말을 바로 실천에 옮겼다.

첫날에는 1천 달러를 지갑에 넣었다. 갑자기 큰돈을 넣고 다니자 길을 걷다가도 몇 번씩 지갑을 열어봐야 할 정도로 마음이 불안했다. 그런데 시간이 지날수록 점차 그 돈이 편안하게 느껴졌다. 그럴 때마다 남자는 액수를 늘려 나갔고 한 달이 지났을 때는 1만 달러도 가지고 다닐 수 있게 되었다.

"있다는 느낌이 익숙해지자 두려움이 사라졌습니다. 오히려 그만한 돈이 주머니에 있다고 생각하니까 든든하고 편안했어요."

돈에 대한 감정이 바뀌어가자 현실에서도 변화가 찾아왔다.

재물에 대한 막연한 불안이 사라지면서 이전에 보이지 않던 사업 기회가 포착된 것이다. 두 달이 지나자 회사의 매출이 증가하고 손익이 개선되기 시작했다. 그리고 마침내 해당 사업이 손익분기점을 넘은 달, 흑자를 본 액수는 정확히 1만 달러였다.

18

Having 신호등

내 앞에 놓인 세상을 바꿀 수 있다니! 그것도 내면에 있는 감정으로! 심장이 두근거리기 시작했다.

어떻게 생각해보면 낯선 이야기가 아니었다. 정확한 원리는 모르지만 사람들도 비슷한 경험을 털어놓지 않는가. 한번은 교수, 공무원, CEO 등과 저녁을 먹을 때였다. 참석자 중 한 명이 자신이 겪은 사건에 대해 이야기하기 시작했다.

"2주 전이었어요. 신호를 기다리고 있는데 뒤에 오던 차가 제 차에 부딪힌 거예요. 범퍼에 살짝 스크래치가 났지만 뭐, 별거 아니더라고요. 그래서 사고를 낸 분에게 그냥 가도 좋다고 했지요. 그분이 하도 고맙다고 하니깐 괜히 기분이 좋더라고요."

그는 말을 이어갔다.

"일주일쯤 지났을까… 주차장에서 후진하다가 이번에는 제가 뒤 차를 박았어요. 그런데 차 주인이 나와서 범퍼를 손으로 쓱쓱 문지르더니, 그냥 가라고 하더라고요. 그때 알았죠. 내가 마음 쓰는 대로 세상도 그것을 고스란히 돌려준다는 것을."

서윤의 말을 들어서일까. 금방 이해가 갔다. 그 사람도 감정을 활용해 자신 앞에 놓인 세상을 바꾼 것이다.

최근 나도 비슷한 경험을 했다. 부쩍 공돈이 들어온다고 느껴지던 기간이 있었다. 한참 전에 빌려준 돈이 갑자기 돌아오거나 몇 달 동안 밀려 있던 출장비가 뒤늦게 입금되기도 했다. 잊고 있었던 몇백 달러를 서랍 깊숙한 곳에서 발견한 적도 있었다. 몇 년 전 해외여행을 갔을 때 남겨왔다가 까맣게 잊어버린 돈이었다.

사실 평소 내 계좌에는 잔고가 거의 없었다. 여윳돈이 생기면 모조리 적금에 넣어버린 탓이었다. 그런데 얼마 전부터 통장에 2천만 원이 들어와 있었다. 학자금 대출을 갚기 위해서 넣어둔 것이었다. 이유가 있어서 들어온 돈이었지만 잔고를 확인할 때마다 부자가 된 듯 기분이 좋았다. 이제와 생각해보니 그때 돈이 들어온 이유는 내가 통장을 볼 때마다 '있음'의 감정을 느꼈기 때문이었다.

다시 서윤의 이야기에 집중할 시간이었다. 테이블 위에 커피잔을 내려놓은 그녀가 양손을 깍지 낀 채 나를 바라보고 있었다. 중요한 이야기가 나올 때 취하는 자세라, 살짝 긴장이 되었다.

"이제 Having 신호등에 대해 아실 차례예요."

"신호등이요?"

"네. 우리도 초록불에 길을 건너고, 빨간불에 멈추잖아요? Having 신호등도 비슷한 원리예요. 소비를 할 때 Having인지 아닌지 알아내는 방법이 그것이죠. 초록불을 느끼면 그대로 돈을 쓰고 빨간불을 발견하면 행동을 멈추는 거예요."

귀가 솔깃했다. 막상 Having을 해보니 내면에서 보내는 신호가 항상 분명했던 것은 아니었다. 사야 할지 말아야 할지 헷갈릴 때도 많았던 것이다. 그런데 그것을 구분하는 방법을 알려준다니 반가울 수밖에 없었다.

"초록불인지 빨간불인지는 어떻게 구분할 수 있을까요?"

"이미 Having 신호등을 쓰셨는걸요. 백화점에서 구두를 골라놓고 사지 않은 경험을 말씀하셨죠. 그때로 돌아가 보죠. 구두를 사려고 했을 때는 어떤 기분이었나요?"

"불편하고… 또 긴장됐어요. 뒤에서 누군가 내 머리를 잡아당기는 것 같았죠. 그래서 구두를 내려놓고 빈손으로 나왔어요."

"바로 그거예요. Having 신호등! 빨간불이 켜진 거죠. 그건 멈추라는 신호예요. 혹시 도박하는 사람을 보신 적 있으세요?"

"호텔 카지노를 지나가다 본 적 있어요. 인상을 쓰면서 담배만 피우고 있었지요."

"그중 편안하거나 여유 있어 보이는 사람이 있던가요?"

빠르게 고개를 저었다.

"아니요. 그 반대였어요. 얼굴 표정도 우울하고 어깨도 움츠러든 채 긴장한 모습이었죠."

"맞아요. 그건 긴장과 불편함이죠. 내면의 목소리와 다르게 행동하니까 몸과 마음이 편치 않은 거예요. 이런 신호를 느낀다면 Having 신호등은 무슨 색깔이겠어요?"

"빨간불이네요!"

빨간불이란 긴장과 불편함, 불안과 걱정이었다. 나는 이어 질문을 던졌다.

"그렇다면 초록불은 어떤 느낌일까요?"

"자연스러움과 편안함이에요. 생각해보세요. 진정한 자신이 원하는 대로 따라가니 얼마나 자연스럽겠어요. 물 흐르듯 편안하게 흘러가는 거죠."

검정 샌들을 샀을 때가 떠올랐다. 온몸이 가뿐해지면서 날아갈 듯한 기분이었다. 긴장이 풀리면서 손과 발이 뜨끈뜨끈해지는 느낌도 들었었다. 그것은 편안함이었다. 그러고 보니 내 몸과 마음이 답을 알고 있는 것 같기도 했다.

얼른 구두를 내려다보았다. 신발에 달린 검정 리본이 자랑스럽게 빛나고 있었다. 마음이 호수처럼 편안해졌다. 잔잔한 기쁨은 물결처럼 온몸으로 퍼져갔다.

"아, 그 차이를 알겠어요! 이걸 살 때는 확실히 초록불이었어요. 그 즐거움이 아직도 남아 있는걸요?"

서윤이 빙그레 웃으며 오른손 검지와 중지를 위로 세우고 나머지 세 손가락을 모은 뒤 손을 오른쪽 눈 앞으로 들어 올렸다. 나도 그 동작을 따라 하면서 물어보았다.

"이것이 무엇을 의미하나요?"

"Having 신호등을 사용할 때 이 동작을 취해보세요. 사람 몸속의 에너지는 이마에서 코와 입으로 이어지는 몸의

중심을 타고 이동하죠. 돈의 흐름이 이 손가락을 타고 머리에서 발끝까지 이어진다고 느끼는 거예요. 각계 리더들이 모인 자리에서 이 동작을 알려주었을 때 많은 분들이 신호등을 판별하는 데 도움이 된다고 했어요."

"아하! Having 모션이군요!"

이제 대화를 마무리할 때가 되었다. 양손을 가지런히 무릎에 올린 채 서윤이 자상하게 일러주었다.

"Having은 우리 자신이 '진정으로' 원하는 것을 '한껏' 누리도록 해주죠. 우리는 내면의 목소리를 따라갈 때 가장 자연스러움과 편안함을 느낄 수 있어요. 하지만 잘못된 고정관념과 세상 속 시끄러운 잡음 때문에 이 목소리를 제대로 듣지 못하고 살아가죠."

그녀의 설명이 계속되었다.

"Having 신호등은 내면의 목소리를 나에게 알려주는 거예요. 그 답은 자신이 알고 있거든요. 처음에는 조금 익숙하지 않을 수 있어요. 하지만 Having을 하며 지속적으로 시선을 자신의 내면에 두세요. 그러면 마음속 작은 편안함, 작은 온기가 점점 더 분명한 느낌으로 커질 거예요."

할 수 있을 것 같다는 강한 확신이 들었다. 좀 놀랍기도 했다. 내가 스스로를 믿게 되다니, 정신적 지도자에게 영감을 받는다는 것이 이런 걸까? 나는 자신감 있게 대답했다.

"네. Having 신호등을 사용해서 조금씩 그 느낌을 키워볼게요! 그렇게 어려울 것 같지는 않아요."

GURU'S QUOTES

"Having 신호등을 이용해보세요. 초록불을 느끼면 그대로 돈을 쓰고 빨간불을 발견하면 행동을 멈추는 것이죠."

"빨간불이란 긴장과 불편함, 불안과 걱정이에요."

"초록불은 자연스러움과 편안함이에요. 생각해보세요. 진정한 자신이 원하는 대로 따라가니 얼마나 자연스럽겠어요. 물 흐르듯 편안하게 흘러가는 거죠."

"Having은 우리 자신이 진정으로 원하는 것을 한껏 누리도록 해주죠. 우리는 내면의 목소리를 따라갈 때 가장 자연스러움과 편안함을 느낄 수 있어요."

"Having 신호등은 내면의 목소리를 나에게 알려주는 거예요. 그 답은 자신이 알고 있거든요."

"처음에는 조금 익숙하지 않을 수 있어요. 하지만 Having을 하며 지속적으로 시선을 자신의 내면에 두세요. 그러면 마음속 작은 편안함, 작은 온기가 점점 더 분명한 느낌으로 커질 거예요."

비바람이 치다

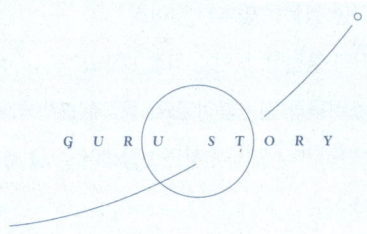

"언니, 큰일났어. 빚쟁이들이 몰려와서 집이 발칵 뒤집혔어. 어떡하면 좋지?"

'드디어 올 것이 왔구나.'

울먹이는 동생의 목소리를 들으며 서윤은 생각했다. 대학 1학년이 되던 해 아시아 금융 위기로 인해 아버지가 운영하던 사업이 부도를 맞은 것이다. 집에 돌아오자 집 안이 아수라장이었다. 채권자들이 몰려와 고함을 지르고, 가구마다 빨간 딱지가 붙어 있었다.

사실 서윤은 이 같은 상황을 미리 예측하고 있었다.

"아빠, 2년 후에 사업에 위기가 올 거예요. 미리 준비하셔야 해요."

여러 번 이야기했으나 아버지는 지나치게 사업에 몰두한 나머지 서윤의 말을 귀담아듣지 않았다.

"무슨 소리를 하는 게냐. 지금 연구 개발이 한창이고, 일도 착착 잘 진행되고 있다. 걱정 말고 공부에나 집중하거라."

아버지가 귀를 닫고 있는데 어떻게 할 도리가 없었다.

난장판이 된 거실에서 가족들은 절망에 빠져 있었지만 서윤만은 홀로 차분했다. 그 평화로운 모습에 가족들은 놀랐고 그녀에게 의지했다. 실의에 빠진 어머니와 동생에게 힘을 준 것도 서윤이었다.

"이럴 때일수록 마음을 다스리는 게 중요해요. 그래야 일이 쉽게 풀리니까요. 곧 도와줄 사람도 나타나고 결국은 문제가 해결될 터이니 걱정하지 마세요."

회오리 바람은 내내 불지 않고,
소나기도 계속 내리지 않는다.

飄風不終朝, 驟雨不終日, 노자

서윤은 잘 알고 있었다. 위기가 닥쳐도 마음만 잘 다스리면 커다란 행운이 오게 된다는 것을. 집을 담보로 재판이 여덟 개나 걸려 있고 경제적으로도 힘든 상황이었지만 서윤 덕분에 가족들도 힘을 낼 수 있었다. 서윤 또한 집안 사정을 내색하지 않은 채 대학 생활에 충실했다.

다음해가 되어 그녀는 중대한 결심을 하게 되었다. 운에서 나타나는 힘든 일을 모두 겪어보겠다고 마음먹은 것이다. 힘들어하는 사람들의 마음을 직접 느끼고 그것에 가까이 다가가기 위해 생각해낸 방법이었다. 대표적인 것이 악연을 거부하지 않고 받아들인 일이다. 그 때문에 가까운 친구에게 배신당하는 경험을 해야 했고, 연인이었던 이에게 스토킹을 당하는 일을 겪어내야 했다. 일이 잘 풀리지 않던 시기에 일부러 제안을 받아들여 안 겪어도 될 좌절을 맛본 적도 있었다.

힘들 것을 미리 알았다지만 그 고통만큼은 진짜였다. 몸무게가 40킬로그램까지 빠질 정도로 괴로운 나날들이었다. 그러나 아무리 힘들어도 서윤이 게을리하지 않은 것이 있었다. 바로 마음 공부였다. 그녀는 매일같이 자신의 느낌과 대응 방법을 모두 기록하고 성찰했다. 이 과정을 통해 서윤은 구체적으로 깨닫게 되었다. 마음먹는 것에 따라 얼마든지 시련에서 벗어날 수 있다는 것을. 한발 더 나아가 사람들의 아픔을 보듬어주는 방법에 대해서도 더 생각해보게 되었다. 되돌아보면 모두 책에서 얻기 힘든 귀한 배움이었다.

몇 년이 지난 후, 아버지의 사업 문제는 무사히 마무리되었다. 어머니는 위기를 발판 삼아 집안을 더 크게 일으켰다. 서윤도 다시 건강을 회복했다. 어려움을 겪고 난 뒤 그녀는 더 단단하고 깊어졌다. 이제 새 시대를 맞을 준비가 되었다.

불안에서 해방되려면

4

19

빨간불

도시에는 어둠이 깔리고 있었다. 나는 호텔로 가던 발걸음을 돌려 세느강변을 걷기 시작했다. 별처럼 반짝이는 에펠탑을 등지고 유람선이 불빛을 밝히며 지나갔다. 벤치에 앉아 사랑을 속삭이는 연인들과 한가롭게 강변을 산책하는 중년 부부들도 눈에 띄었다. 파리의 밤 풍경을 만끽하며 나도 천천히 걷고 있었다. '이 순간을 사는 것이 모든 것을 바꾼다.' Having을 하면서 새롭게 배우게 된 교훈이었다.

걸음을 옮기며 나는 자연스럽게 서윤을 떠올렸다. 일곱 살에 행운을 가져다줄 운명임을 할머니로부터 알게 된 뒤

십 대 시절 고전을 마스터하고 이십 대에는 부자들이 추종하는 구루가 되다니… 마치 소설 속에 나올 법한 이야기가 아닌가? 게다가 실제로 만나 본 그녀에게는 마치 다른 세상에서 온 듯한 아우라가 있었다. 그래서 선뜻 다가서기가 더 어렵게 느껴졌다.

하지만 그것이 오해라는 것을 깨닫는 데는 그리 오랜 시간이 걸리지 않았다. 가까이에서 본 서윤은 그 누구보다도 마음이 따뜻하고 배려심이 깊은 사람이었다. 내 사소한 감정까지도 세심하게 살펴주었고 평범한 나를 세상에서 가장 귀하게 대해주었다.

가끔 그녀의 개인적인 면이 궁금하기도 했다. 세상 모든 것을 통찰하는 삶이 혹여 외롭지는 않은지, 결혼을 할 생각은 없는지, 보통의 사람처럼 갖고 있는 취미가 있는지… 나중에 더 가까워지게 되면 묻고 싶은 질문들이었다.

그때 핸드폰 진동이 울렸다. 평소 즐겨 찾는 쇼핑몰에서 세일을 알리는 메일이 온 것이다. 퍼뜩 아이디어 하나가 떠올랐다. '조금 전에 배운 Having 신호등을 써봐야겠다!' 나는 빠른 걸음으로 호텔에 돌아온 뒤 얼른 컴퓨터 앞에 앉았다.

사이트에 들어가자 평소 마음에 두었던 옷들이 할인된

가격에 팔리고 있었다. '우와! 70%, 아니 80%까지 세일을 하네! 한 벌을 살 돈으로 네댓 벌을 살 수 있다는 거잖아?' 저절로 콧노래가 나왔다. '아이보리색 실크 블라우스 40달러… 이건 출근할 때 블랙 스커트랑 같이 입어야지. 회색 면 원피스 60달러. 아이와 놀이공원 가는 날에 입기 딱이지. 퇴근 후에는 이 30달러짜리 파자마를 입고 편안하게 쉬어야겠다.'

이제 Having 신호등을 사용해볼 차례였다. 오른손 집게손가락과 중지를 얼굴 앞으로 들자 가슴 깊은 곳에서 희열이 느껴졌다. 그 손가락을 타고 온몸에 엔도르핀이 도는 듯했다. 분명한 초록불이었다. 나는 만족감을 느끼며 결제 버튼을 눌렀다.

그렇게 쇼핑을 마무리하려던 찰나였다. 갑자기 누가 내 뒷덜미를 잡는 듯한 느낌이 들었다. '잠깐! 이왕 쇼핑하는 김에 내년에 입을 옷도 좀 쟁여놓을까?' 다시 사이트에 들어가 보니 철 지난 겨울 옷들도 세일하고 있었다. 눈에 띄게 마음에 드는 것은 없었으나 시간을 끌며 물건을 살펴보았다. 그래도 이렇게 세일하기가 쉽지 않으니깐.

'이 빨간 스웨터는 너무 눈에 띄려나… 그래도, 싸니까 일단 쟁이고 보자. 이 화이트 셔츠는 비슷한 게 하나 있긴

한데… 그래도 일단 사놓을까? 세 벌 사도 한 벌 값이잖아.' 클릭, 클릭, 옷을 마구잡이로 장바구니에 담고 나서 시계를 보자 세일 종료 시간이 다가오고 있었다. '에라 모르겠다. 이런 기회가 흔치 않으니까 그냥 사버리지 뭐.' 시간에 쫓겨 얼떨결에 결제 버튼을 누르고 말았다.

그런데 기분이 좀 이상했다. 바늘로 콕콕 쑤시듯 마음이 불편했던 것이다. 목과 어깨가 뻣뻣해지면서 불쾌한 긴장감도 느껴졌다. 혹시나 하는 마음으로 Having 신호등을 사용해보고 나는 큰 소리로 외쳤다.

"빨간불이다!"

다시 주문 목록을 열어보았다. 두 번의 주문을 비교해보자 차이점이 분명했다. 처음 고른 아이보리 블라우스, 회색 원피스 그리고 파자마는 명백한 초록불이었다. 볼수록 편안하고 만족스러웠다. 하지만 빨간 스웨터와 화이트 셔츠는 그 반대였다. 사진을 보는 순간 멀미가 나는 것처럼 속이 울렁거렸다.

내 감정을 확인하자 더 이상 망설일 필요가 없었다. 서둘러 두 번째로 샀던 물건들을 취소했다. 취소 버튼을 누름과 동시에 어깨를 누르던 압박감이 사라지는 것 같았다. 동시에 잔잔한 호수 위에 누워 있는 것처럼 몸과 마음이 평온해졌다. 바로 Having의 느낌이었다.

다음 날 아침, 창문 밖에서 쏟아지는 파리의 태양 볕을 즐기며 커피와 크루아상으로 아침 식사를 했다. 빵을 베어 물자 크루아상이 입속에서 '바삭' 하며 부서졌다. 깊고 고소한 버터의 풍미가 입안 전체로 퍼져 나갔다. 나는 기분 좋게 식사를 마친 뒤 가벼운 발걸음으로 호텔을 나섰다. 얼른 서윤을 만나 Having 신호등을 써본 것에 대해 말하고 싶었다.

둥실 부푼 마음을 안고 서윤이 머무는 호텔의 로비에 서 있었다. 한참을 기다려도 그녀가 나타나지 않았다. 프런트에서 방으로 전화를 걸었으나 벨 소리만 울릴 뿐 아무 응답이 없었다. 조금 이상했다. 말없이 약속을 어길 사람이 아닌데…. 순간 불안한 예감이 머리를 스치고 지나갔다. 나는 호텔 직원에게 상황을 설명하고 그와 함께 그녀가 머무는 방으로 올라갔다. 직원이 문을 두드렸으나 방 안은 조용하기만 했다. 알 수 없는 불안감에 가슴이 방망이질 치기 시작했다.

어딘가에 전화를 걸어본 뒤 직원은 주머니에서 열쇠를 꺼내 곧장 문을 열었다. 서둘러 방 안으로 뛰어 들어갔을 때 누군가 쓰러져 있는 모습이 보였다. 가느다란 팔과 다리, 얼굴과 목을 감싸고 있는 흑갈색 머리카락…, 바로 서윤이었다.

20

진정한 편안함

정신없이 이름을 부르며 서윤의 어깨를 흔들었다. 할 수 있는 게 있다면 뭐든 하고 싶은 심정이었다. 어제까지 함께 대화를 나눠놓고도 이렇게 컨디션이 악화된 걸 눈치채지 못하다니⋯ 무심한 나 자신을 탓할 수밖에 없었다. 내 목소리에 울음이 섞이기 시작할 즈음 서윤이 천천히 눈을 떴다.

"괜찮으세요? 제가 누군지 알아보시겠어요?"

그녀가 보일 듯 말 듯 고개를 끄덕였다. 구급차가 필요하냐는 직원의 물음에 서윤은 천천히 고개를 저었다. 그리고 들릴 듯 말 듯 작은 목소리로 말했다.

"물… 좀 주세요."

내가 다급하게 가져온 물을 한 모금 마신 뒤 서윤은 힘겹게 몸을 일으켜 침대에 누웠다. 당장이라도 부서질 듯한 조마조마한 모습이었다. '어쩌면 좋지? 당장 병원에 가야 하는 게 아닐까?' 안절부절못하고 있는 나를 향해 서윤은 옅은 미소를 보이며 이렇게 말했다.

"괜찮아요…."

나를 안심시키기 위해 억지로 기운을 끌어모으는 듯했다. 이 와중에도 상대를 먼저 배려하고 있었다. 혼자 쉬는 것이 나을 것 같아서 나는 저녁에 다시 오겠다는 말을 남긴 뒤 호텔을 나왔다. 그리고 무작정 발걸음을 옮겨 도착한 곳은 한 미술관이었다. 그림과 조각 작품을 바라보면서도 내 마음은 계속 다른 곳에 있었다. 서윤의 상태가 염려되었던 것이다.

서윤은 나에게 무한한 에너지를 전해주는 태양과도 같았다. 그녀의 가르침으로 인해 몸과 마음이 충전되는 기분이었다. 하지만 정작 그녀는 자신이 가진 것들을 사람들에게 나누어주느라 지나치게 많은 에너지를 쓰고 있는 것은 아닐까? 미술관을 서성이며 나는 다짐하고 또 다짐했다. 그 귀한 마음에 반드시 보답하겠노라고.

저녁 시간이 가까워질 무렵 나는 서윤이 머무는 호텔로 돌아갔다. 얼마 안 가 서윤이 만면에 미소를 가득 담고 나타났다. 아침까지만 해도 쓰러져 있던 사람이라고는 생각할 수 없는 밝고 화사한 모습이었다. 하지만 내 마음은 전혀 괜찮지 않았다. 내가 염려할까 봐 너무 무리하는 건 아닌지, 걱정이 앞섰던 것이다. 조심스럽게 그녀의 뜻을 물어보았다.

"조금 더 쉬셔야 하지 않을까요? 저는 그냥 한국으로 돌아가도 돼요."

서윤이 다정하게 대답했다.

"저는 이렇게 주변 사람들을 걱정시킬 때 가장 마음이 아파요. 이대로 홍 기자님을 보낸다면 제 자신을 책망하느라 더 힘들 거예요."

그 뜻을 존중하는 것이 그녀를 위하는 길 같았다. 우리는 Having에 대한 대화를 계속 이어가기로 했다. 메뉴를 보고 음식을 주문한 뒤 나는 전날 Having 신호등을 활용한 것에 대해 털어놓았다.

"두 번째 주문 다음에 찜찜한 기분이 들었어요. 그래서 바로 주문을 취소했지요. 그것이 빨간불이었을까요?"

"홍 기자님의 뛰어난 점이 그거예요. 제가 말씀드린 것을 잘 이해하고 바로 실행에 옮기는 것이요. 네, 잘하셨어요. 그건 빨간불이 맞아요. 스스로가 답을 알고 있었던 거죠."

편안하고 따뜻한 미소가 마치 나를 격려하는 듯했다.

"Having의 핵심은 편안함이에요. 진정한 편안함이란 내 영혼이 원하는 것과 행동이 일치될 때 느껴지는 감정이거든요. 흘러가는 물 위에 떠 있으면서 자연스럽게 몸을 맡기는 느낌이죠. 이 감정이 바로 우리를 부자로 이끌어주는 신호예요."

그녀의 한마디 한마디를 새기며 나는 천천히 고개를 끄덕였다. 잔잔한 물 위를 떠가는 느낌, 그것이 편안함이었다.

문득 생각난 듯 서윤이 나에게 물었다.

"홍 기자님, 지갑에 지폐가 있으면 한번 꺼내보시겠어요?"

20유로 몇 장을 꺼내 들자 그녀의 질문이 이어졌다.

"이 돈에 대해 불편하다고 느끼세요?"

"아니요, 평소에도 그 정도는 가지고 다니는걸요."

한발 더 나아간 답을 끌어내려는 듯 서윤이 따뜻한 미소를 지으며 나를 기다려주었다. 그 표정 덕분인지 조금 더 생각을 확장시켜보았다.

"다시 말해볼게요. 그 돈이 불편하지 않아요. 그저 편안하게만 느껴지는걸요? 아마 '있음'을 느껴서 그런가 봐요."

잘 알겠다는 듯 고개를 끄덕인 뒤 서윤은 테이블 위에 놓인 투명한 물잔을 들었다. 물이 3분의 2쯤 차 있는 종 모양의 잔이었다. 그녀가 컵을 좌우로 흔들더니 움직임을 멈추고 내 눈을 응시하며 질문을 던졌다.

"이 컵이 우리에게 있는 부의 그릇, 물은 돈이라고 생각해보죠. 이 컵이 마구 흔들리면 어떻게 될까요?"

"물이 흔들려서 밖으로 나오겠지요?"

"마음의 그릇도 마찬가지예요. 물컵이 갈팡질팡 흔들리는데 재물이 온전히 담겨 있을 리 없죠. 마음이 편안할 때 그 안의 물도 차분하게 머무르는 법이에요. 제가 만난 수많은 부자들은 대부분 돈에 대해 편안한 마음가짐을 유지하고 있었어요. 부자여서 마음이 편안한 것이 아니라 돈에 대해 가지고 있는 편안한 마음이 그들을 부자로 이끌었죠."

애피타이저로 주문한 프렌치 어니언 수프가 나왔다. 부드러운 치즈를 숟가락으로 섞으면서 서윤의 설명을 음미해보았다. 문득 프랑스로 오는 비행기에서 읽었던 내용이 떠올랐다. 알리바바의 마윈 회장에 관련된 일화였다.

"그러고 보니 마윈도 '기분이 안 좋다'고 말하는 법이 없다고 해요. 대신 '마음이 편안하지 않다'고 한다네요. 혹시 마윈도 돈에 대해 편안하게 느끼고 있는 걸까요?"

내 질문에 서윤의 얼굴이 환하게 밝아졌다.

"좋은 사례를 말씀하셨어요. 저는 마윈이 이미 Having을 해왔다고 확신해요. '마음이 편안하지 않다'는 말을 뒤집으면 '마음이 편하다'는 뜻이거든요. 그 말은 편안함이 기본 상태란 말이죠. 그것이 Having의 핵심이에요."

그녀가 자상하게 설명을 이어갔다.

"저는 마윈이 남들처럼 '기분 나쁘다', '짜증난다'라고 말하는 대신 '편안하지 않다'고 한 것에 주목해요. '편안함'을 자신에게 각인시키고 있는 것이죠. 편안함이 돈을 끌어당기는 자석이라는 것을, 진짜 부자의 비밀이 Having이라는 것을 잘 알고 있었다는 이야기예요."

설명 가운데 고개를 갸우뚱하게 만드는 말이 있었다.

"편안함을 각인한다는 것…, 그것은 무슨 뜻일까요?"

"네. '마음이 편하지 않다'는 말은 결국 편안한 상태로 돌아가겠다는 의지의 표현이에요. 우리 뇌는 부정문을 인식하지 못하거든요. 해당 단어에서 떠오르는 이미지만 입력하죠. 예컨대 '편안하지 않다'고 생각하면 뇌는 '편안'만 입력하고, 반대로 '짜증이 난다'고 하면 '짜증'만 각인시키는 식이죠. 이렇게 볼 때, '마음이 편안하지 않다'라는 말은 결국 편안한 상태가 본인에게는 가장 보편적이고 기본적인 마음가짐이라는 뜻이에요."

GURU'S QUOTES

"Having의 핵심은 편안함이죠."

"진정한 편안함이란 내 영혼이 원하는 것과 행동이 일치될 때 느껴지는 감정이에요. 흘러가는 물 위에 떠 있으면서 자연스럽게 몸을 맡기는 느낌이죠. 이 감정이 바로 우리를 부자로 이끌어주는 신호예요."

"물컵이 갈팡질팡 흔들리는데 재물이 온전히 담겨 있을 리 없죠. 마음이 편안할 때 그 안의 물도 차분하게 머무르는 법이에요."

"부자여서 마음이 편안한 것이 아니라 돈에 대해 가지고 있는 편안한 마음이 그들을 부자로 이끌었죠."

"'편안하지 않다'고 생각하면 뇌는 '편안'만 입력하고, 반대로 '짜증이 난다'고 하면 '짜증'만 각인시키죠. '마음이 편안하지 않다'라는 말은 결국 편안한 상태가 본인에게는 가장 보편적이고 기본적인 마음가짐이라는 뜻이에요."

21

부의 근력을 키워라

중국 최고의 부자 마윈도 Having을 실천하고 있었다니. 놀라웠다. 편안함이 핵심이라는 것을 알고 있다는 것 아닌가. 놀라워하는 내 표정을 보고 서윤이 싱긋 웃은 뒤 설명을 이어갔다.

"제가 수만 명의 진짜 부자들을 분석한 결과, 그들은 자신에게 필요한 단어를 스스로의 무의식 속에 프로그래밍해요. 몇몇은 강박적일 정도로 그렇게 하죠. 그것이 진짜 부자들의 공통점 중 하나예요."

"강박적일 정도로 프로그래밍한다고요?"

"네. 진짜 부자들은 삶이란 자신의 무의식에 입력된 정보와 신념 체계대로 펼쳐진다는 걸 알죠. 마원도 '편안하지 않다'고 주입함으로써 부정적인 정보를 정화하는 동시에 균형을 회복했을 거예요. 무의식은 균형을 잃은 의식을 다시 원래 입력된 상태로 바로잡는 힘을 가지고 있거든요."

"아, 저는 그동안 잘못된 믿음을 가졌나 봐요. 사탕 하나 산 것까지 다 기록하면서 돈에 대한 긴장을 늦추지 않았거든요. 돈을 편안하게 느끼면 손가락 사이로 빠져나가는 모래처럼 어디론가 사라져버릴 것 같았어요."

이해한다는 듯한 그 눈빛을 바라보며 계속 말을 이었다.

"어른이 된 다음에도 지갑에 10만 원 이상 넣고 다닌 적이 없어요. 돈이 넉넉하면 낭비하게 될까 봐 두려웠거든요. 월급을 받으면 고정비를 쓴 다음 저금부터 했고요. 제가 좋아하는 옷이나 화장품을 사는 건 항상 뒷전이었죠. 되돌아보니 제가 느끼는 즐거움보다 돈에 대한 긴장이 우선이었네요."

그때 우리가 시킨 메인 요리가 나왔다. 내가 좋아하는 오리 가슴살이었다. 나는 테이블 가까이 몸을 숙이고 음식의 향을 먼저 만끽했다. 랍스터를 앞에 둔 서윤도 얼굴에 생기가 도는 듯했다.

오리 요리를 썰면서 내가 물어보았다.

"그렇다면 어떻게 해야 돈을 편안하게 느낄 수 있을까요?"

내 질문을 듣고는 서윤이 포크와 나이프를 테이블 위에 내려놓았다. 그러고는 장난스러운 미소를 지으며 팔을 구부렸다 폈다 하는 동작을 반복했다. 마치 아령 운동을 하는 듯한 몸짓이었다.

"홍 기자님, 우리 팔 안에는 구부리는 근육과 펴는 근육이 다 있겠죠?"

"네, 그렇죠."

"자, 이렇게 팔을 구부릴 때는 구부리는 쪽으로 많은 근육들이 협조하죠. 펼 때는 반대가 되고요. 두 가지 행위를 동시에 할 수는 없어요. 우리의 감정도 마찬가지예요. 구부리는 동작과 펴는 동작을 동시에 할 수 없듯 우리도 상반된 감정을 동시에 느낄 수 없어요. 그동안 홍 기자님의 마음에는 돈에 대한 불안과 기쁨이 함께 있었을 거예요. 하지만 불안과 긴장이 큰 나머지 기쁨이 그 그림자에 갇혀 버렸던 거죠."

나는 고개를 끄덕였다.

"신체적인 면에서 볼 때, 스트레스는 근육을 뭉치게 하죠. 에너지도 마찬가지예요. 긴장의 에너지는 우주 속의 경직된 주파수와 상응하여 돈의 흐름을 느려지게 해요. 심해지면 돈이 들어오는 길이 막히게 되고요."

쉽게 이해가 갔다. 스트레스를 받으면 목이 뻐근해지고 어깨가 뭉치곤 했다. 순환이 안 되어서인지 두통이 오기도 했다. 그렇다면 지금까지 돈이 오는 길을 막은 것도 내가 느낀 긴장의 에너지일까?

"반면 돈을 편안하고 기분 좋게 느끼면 홍 기자님과 우주가 편안한 주파수로 연결돼요. 우주는 내 감정 에너지를 수신한 뒤 편안한 내 모습 그대로를 거울처럼 비춰서 경제생활이 편안해지도록 해주죠. 홍 기자님의 마음속에 두 개의 자석이 있는 거예요. 불안과 긴장의 자석은 돈을 밀어내고, 기쁨과 편안함의 자석은 돈을 끌어당기죠."

"그럼, 마음을 편안하게 만드는 방법이 있을까요?"

서윤이 한쪽 눈을 찡긋하며 대답했다.

"이미 답을 알고 계시잖아요."

"아! Having이요?"

"네, 맞아요. 홍 기자님, 웨이트 트레이닝 해보셨어요?"

"네. 최근에 운동을 다시 시작해보려고 마음먹었지요. 근력을 키우고 싶어서요."

매일 아침 일어날 때마다 나는 늘 새롭게 결심하곤 했다. 열심히 운동해서 다이어트에 성공하겠다고. 물론 내가 그걸 제대로 실행할 리 없었다. 솔직히 그 모든 과정이 귀찮았다. 헬스클럽에 가서, 러닝머신 위를 달리고, 샤워까지 하려면… 할 일이 너무 많았다. 하지만 지금 서윤이 알려주는 부의 근력을 키우는 Having은 그런 번거로운 과정이 필요치 않았다. 돈을 쓰는 그 순간, 나에게 건강한 소비를 할 수 있는 돈이 있음에 감사하고 그 기쁨을 만끽하면 된다니, 이 얼마나 쉽고 간편한가?

서윤이 계속 설명했다.

"우리 마음도 운동으로 근육을 단련하는 웨이트 트레이닝과 비슷해요. 지속적으로 Having을 실천할수록 내 마음에 탄탄한 근육을 키워가게 되죠. 이 근육이 단련되면서 점점 기쁨과 편안함을 쉽게, 또 더 크게 느낄 수 있게 되는 거랍니다. 동시에 불안과 걱정은 점점 사라지게 되지요."

나를 격려하는 그 말에 저절로 마음의 근육이 단련되는 것 같았다. 테이블 위를 내려다보니 내가 먹던 오리 요리는 어느새 바닥을 보이고 있었다. 반쯤 비워진 서윤의 음식을 바라보고 있으려니 그녀의 몸 상태가 어떤지 묻지 않을 수가 없었다.

"컨디션이 어떠신지 걱정이 되네요. 무리가 되시면 이쯤에서 대화를 마무리해도 괜찮아요."

그녀가 온화한 표정으로 나를 바라보았다.

"홍 기자님은 마음이 정말 따뜻한 분이시네요. 신경 써주셔서 고마워요. 혹시 힘들면 꼭 말할게요. 약속해요."

서윤과 이야기를 나누고 있으면 마치 내가 세상의 주인공이 된 기분이었다. 대화를 계속하겠다는 그 부드러운 카리스마에 나는 따를 수밖에 없었다.

GURU'S QUOTES

"스트레스는 근육을 뭉치게 하죠. 에너지도 마찬가지예요. 긴장의 에너지는 우주 속의 경직된 주파수와 상응하여 돈의 흐름을 느려지게 해요. 심해지면 돈이 들어오는 길이 막히게 돼요."

"돈을 편안하고 기분 좋게 느끼면 나와 우주가 편안한 주파수로 연결돼요. 우주는 내 감정 에너지를 수신한 뒤 편안한 내 모습 그대로를 거울처럼 비춰서 내 경제생활이 편안해지도록 해주죠."

"우리 마음속에는 두 개의 자석이 있는 거예요. 불안과 긴장의 자석은 돈을 밀어내고, 기쁨과 편안함의 자석은 돈을 끌어당기죠."

"지속적으로 Having을 실천할수록 내 마음에 탄탄한 근육을 키워가게 되죠. 이 근육이 단련되면서 점점 기쁨과 편안함을 쉽게, 또 더 크게 느낄 수 있게 되는 거랍니다. 동시에 불안과 걱정은 점점 사라지게 되지요."

더 적은 재산을 물려받아도

작은 사업체를 운영하는 남자가 아버지의 부름을 받고 고향에 내려갔다. 지병이 악화된 아버지가 재산을 미리 배분하겠다고 선언했기 때문이다. 그런데 남자가 받아들이기 힘든 것이 있었다. 자산 가치가 높은 논과 밭은 형에게, 매매하기 힘든 산은 자신에게 주겠다는 것이었다. 불만이 가득한 채로 남자가 서윤을 찾아왔다.

"형이 더 어렵다지만, 아버지가 너무하신 것 같습니다. 제가 받은 것은 쓸모없는 땅이에요. 아무것도 안 받은 걸로 치면 되겠지만 너무 괴롭네요. 마지막까지 장남인 형과 저를 차별하신 것 같아서요."

어린 시절부터 장남인 형 위주로 돌아가던 집안 분위기가 성인이 된 지금까지 그 남자를 괴롭히는 듯했다. 그의 이야기를 듣고 서윤은 차분하게 일러주었다.

"객관적으로 볼 때, 그 산을 상속받은 시기는 매우 좋습니다. 현재 가치와 상관없이 3년 이내 그 땅으로 인해 분명히 큰돈을 손에 쥐게 될 것입니다. 단, 여기에 전제 조건이 하나 있습니다. 자신의 부정적인 감정을 잘 다스리셔야 한다는 것이죠. 좋은 흐름이 온다 해도 부정적인 감정으로 스스로를 가라앉힌다면, 결코 그 흐름을 탈 수 없는 법이니까요."

서윤의 조언을 가슴 깊이 새기고 돌아온 사업가는 매일 자신을 향해 이렇게 말했다.

"그래, 긍정적으로 생각하자. 나는 지금 돈이 들어오는 흐름 한가운데 속에 있어. 이 흐름을 잘 타고 있으면 다 잘될 거야. 그러니 내 마음을 잘 다스리자."

그는 불필요한 만남이나 유흥을 줄이고 집에 일찍 돌아와 스스로를 다스리는 것도 잊지 않았다. 서윤이 가르쳐준 대로 내면에 집중하자 마음이 평화로워졌다. 덕분에 마지막까지 정성을 다하고 아버지를 편안하게 떠나보낼 수 있었다.

장례가 끝난 뒤 형은 상속받은 땅을 바로 팔았지만 사업가는 조급하게 행동하지 않았다.

"지금, 부로 가는 흐름 위에 있다고 하셨지. 아직 때가 아닐

거야. 상속받은 임야를 팔지 않고 기다려야겠어."

구루를 믿고 기다린 그에게 곧 좋은 소식이 날아왔다. 물려받은 임야가 아파트 지구로 개발된다는 것이었다. 땅에 대한 보상으로 1천만 달러를 받은 사업가는 그 돈을 고스란히 회사에 투자했고 그 결과 회사는 빠른 속도로 성장해 몇 년 만에 매출 1억 달러를 달성하게 되었다.

"저에게 조언해주신 것을 신뢰하고 마음 관리에 힘썼더니 이렇게 행운이 찾아왔습니다. 말씀하신 대로 가장 중요한 열쇠는 제 마음에 있었습니다. 귀한 조언, 진심으로 감사드립니다."

22

아무리 애써도 여전히 불안하다면

"**편**안한 마음이 중요하다는 말씀, 잘 알 것 같아요. 돌이켜보면 마음 관리가 항상 수월하지는 않았어요. 생활비가 부족하거나 안정적인 직장이 없던 시기도 있었고요. 막상 그런 상황에 처하면 마음을 통제하기가 힘들더라고요."

구루에게 묻고 싶은 것이 있었다. 그래도 마음 관리가 되지 않는다면 어떻게 해야 하나? 한편으로는 걱정도 되었다. 부자들의 자문에 응하던 그녀가 평범한 내 감정을 이해할 수 있을까? 나는 계속 물어보았다.

"Having 신호등을 써보지도 못하고 빠져나가는 돈들이 있잖아요. 공과금과 세금, 집세, 아이 학원비…. 이렇게 통장에서 자동으로 이체되는 것들이요. 이런 돈들이 훅 나가 버리면 갑자기 너무 불안해져요. 아무리 애써도 여전히 불안하다면, 그럴 때는 어떻게 하는 것이 좋을까요?"

질문을 하면서 얼마 전 신문에서 본 기사가 떠올랐다. 미국 전역에 거주하는 밀레니얼 세대(18~34세, 1,200명)를 대상으로 한 조사였다.● 설문 결과를 보면 그들도 단기적인 재정 문제에 대해 불안을 느끼고 있었다. 응답자의 63%가 예상치 못한 500달러의 비용을 낼 때 어려움을 겪는다고 답했고, 59%가 학자금 대출을 갚는 것이 걱정이라고 말했다. 괜찮은 직장을 구하지 못할까 봐 염려된다고 한 사람이 78%, 예상치 못한 의료비가 두렵다고 말한 응답자는 전체의 74%였다. 그리고 설문 대상 중 79%가 "은퇴한 뒤 돈이 부족할까 봐 불안하다"고 답했다.

차분하게 듣던 서윤이 아이스커피를 한 모금 마신 뒤 부드럽게 나를 바라보았다. 내 마음을 전적으로 이해한다는 표정이었다.

"불안은 자연스러운 감정이에요. 마치 배가 파도에 흔들

● "The Millennial Economy-Findings from a new EY&EIG National Survey of Millennials", 2016, http://eig.org/millennial

리는 것처럼요. 지금 단기적인 재정 목표short-term financial goal를 향해 가고 있다면 실컷 불안해하셔도 돼요. 다만 중요한 것은 불안에 빠져 목표를 잃어서는 안 된다는 거예요. 우리는 지금 부자로 향하는 항해를 하고 있어요. 목표 지점은 당연히 진짜 부자가 되는 것이죠. 항해하다 보면 때로는 배가 파도에 심하게 흔들릴 수도 있고 뱃멀미를 할 수도 있겠죠. 문제는 이러다 배가 난파하면 어쩌나 하고 불안에 굴복한다는 데 있어요. 배가 흔들리는 것도 항해의 일부라는 걸 잊으시면 안 돼요."

그녀의 목소리에는 불안을 잠재우는 힘이 있었다. 마음에서 몰아치던 폭풍우가 가라앉는 것 같았다.

"더 큰 문제는 많은 사람들이 불안한 나머지 잘 가고 있는 배의 방향을 갑자기 바꿔버린다는 거죠. 그렇게 발버둥을 칠수록 배를 암초에 부딪히게 하고 풍랑에 휩쓸리게 할 뿐, 원래의 목적지와는 점점 멀어지게 돼요."

온 마음을 다해 고개를 끄덕일 수밖에 없었다. 불안이 냄새 없는 가스처럼 스며들어 나를 침몰시킨 적이 있었기 때문이다.

대학교 4학년이 되던 해, 나는 방송사에 지원했다. 가까스로 필기를 통과한 뒤 실기와 카메라 테스트를 받기로 한 날이었다. 리포트를 읽는 연습을 하는데 같은 실수가 계속 반복되었다. 불안감이 엄습했다.

'실전에 들어갔을 때도 이러면 안 되는데…, 이러다가 말이라도 더듬으면 큰일인데….'

테스트 차례가 다가올수록 긴장감에 손과 발이 덜덜 떨려왔다. 내 이름이 호명되는 소리가 들리자 속이 메슥거리고 심장이 조여오는 기분이었다. 스튜디오에 들어선 내 머리 위로 조명이 '파바박' 하고 켜졌다. 순간 눈앞이 하얗게 변하는 것 같았다. 마음을 진정시키려고 아무리 애써도 뜻대로 되지 않았다. 마침내 떨리는 목소리로 원고를 읽기 시작했을 때 나는 첫 번째 문장에서 말을 더듬고 말았다.

'으악, 벌써부터 실수하다니! 어떡하지, 어떡하지.'

이미 불안이 나를 삼켜버린 후였다. 나는 한 문장에 한 번 꼴로 더듬거렸고 마지막 문장은 제대로 읽지도 못했다. 스튜디오에서 걸어나오는 나를 심사위원들이 비웃는 것만 같았다. 참담한 기분이었다.

이후 그 경험은 나에게 트라우마가 되었다. 마이크만 보여도 온몸이 덜덜 떨려왔기 때문이다. 결국 TV에서 세상의 소식을 전달하는 기자가 되고 싶다는 꿈을 접어야만 했다.

낙방한 경험을 말하며 기분이 가라앉으려는 찰나 서윤

이 탁자 위에 놓인 내 손을 살짝 두드려주었다. 그 손에서 따뜻한 온기가 느껴졌다.

"불안해하셔도 괜찮아요. 자신의 감정을 두려워할 필요는 없어요. 불안과 긴장은 암같이 도려내야 할 종양이 아니에요. 그건 선사 시대부터 위험을 감지하기 위해서 인류가 본능적으로 키워온 방어체계일 뿐이에요."

그녀의 설명이 이어졌다.

"지금 흔들린다 해도 우리는 계속 목적지를 향해 나아가고 있음을 잊지 말아요. 여전히 안전해요. 불안을 목적지에 도착하는 과정의 일부로 받아들이면 그것을 떨쳐내기 위해 과장된 행동을 하지 않을 수 있지요. 마음이 실컷 불안해하고 조바심을 내도록 두고 영혼이 이끄는 대로 편안함을 따라 행동하세요. 그럼 자연스럽게 행운을 끌어올 수 있어요."

조금 흔들린다 해도 괜찮다는 말이었다. 서윤의 말을 듣자 크게 안심이 되었다. 불안해도 Having을 멈추지 않는다면 결국 부자가 될 수 있다는 의미 아닌가?

"한 가지 팁을 드릴게요. 혼자만의 시간을 가진다면 마음을 다스리는 데 도움이 될 거예요. 현대인들은 자신보다 타인에 초점을 맞추는 시간이 많아요. 여가 시간에도 TV

나 스마트폰 등을 통해 타인과 자신을 비교하는 데 감정을 낭비하곤 하죠. 안타깝게도 그렇게 되면 필요 이상의 부정적인 감정에 휩쓸리기 쉬워져요."

"아, 맞는 말씀이에요. 어떻게 실천하면 좋을까요?"

"어렵게 생각할 것 없어요. 나 자신과 함께하는 시간을 가져보세요. 목욕을 해도 좋고 잠시 눈을 감고 명상을 해도 좋아요. 책을 보며 자신의 마음을 돌아봐도 좋고요. 오직 자신을 돌보는 데 약간의 시간을 쓰는 것만으로도 충분해요."

사실 나 역시 힘든 하루의 끝에 습관적으로 유튜브나 인스타그램을 들여다보곤 했다. 핸드폰 속에는 나보다 행복한 사람들로 가득했다. 명품백과 구두에 값비싼 수입 패딩까지 갖춰 입은 친구, 이름도 못 들어본 태평양 섬에서 셀카를 찍어 올리는 동료, 아이들과 함께 해외에 나가 여유를 즐기는 다른 엄마들까지…. 그런 모습을 볼수록 일과 육아에만 매달려 아등바등 살아가는 내가 더욱 비참하게 느껴졌다. 되돌아보면 쓸데없이 불안과 질투에 휘말려 부정적인 에너지만 키운 셈이었다.

고개를 끄덕이는 내 얼굴을 보고 서윤이 덧붙였다.

"마치 운동과 휴식을 반복해야 우리 몸이 건강해지는 것과 같은 이치죠. 우리 마음도 휴식을 통해 더 건강한 체질이 되는 법이거든요."

GURU'S QUOTES

"불안한 것은 자연스러운 감정이에요. 마치 배가 파도에 흔들리는 것처럼요. 지금 단기적인 재정 목표를 향해 가고 있다면 실컷 불안해하셔도 돼요. 다만 중요한 것은 불안에 빠져 목표를 잃어서는 안 된다는 거예요."

"지금 흔들린다 해도 우리는 계속 목적지를 향해 나아가고 있음을 잊지 말아요. 여전히 안전해요. 불안을 목적지에 도착하는 과정의 일부로 받아들이면 그것을 떨쳐내기 위해 과장된 행동을 하지 않을 수 있지요."

"마음이 실컷 불안해하고 조바심을 내도록 그대로 두고 영혼이 이끄는 대로 편안함을 따라 행동하세요. 그럼 자연스럽게 행운을 끌어올 수 있어요."

"혼자만의 시간을 가져보세요. 목욕을 해도 좋고 잠시 눈을 감고 명상을 해도 좋아요. 책을 보며 자신의 마음을 돌아봐도 좋고요. 오직 자신을 돌보는 데 약간의 시간을 쓰는 것만으로도 충분해요."

꿈을 이루다

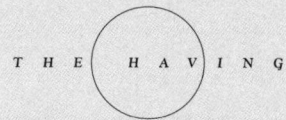

CEO 강의를 겸한 조찬 미팅을 마친 서윤이 호텔 문을 나서고 있을 때였다. 등 뒤에서 그녀를 애타게 부르는 목소리가 들려왔다.

"선생님, 잠시만 기다려주세요. 꼭 드리고 싶은 말씀이 있습니다."

뒤를 돌아보니 한 젊은 남성이 공손한 자세로 다가오고 있었다. 강의 장소에서 서빙을 하던 청년이었다. 그는 절박한 표정으로 말을 이어갔다.

"신문에서 선생님의 인터뷰 기사를 인상 깊게 읽었습니다. 실례인 줄 알지만 꼭 여쭤보고 싶은 것이 있습니다. 지금 대학을 졸업하고 1년 넘게 취직을 준비하는 중입니다. 그런데 모아

놓은 돈도 없고 학자금 대출까지 있어서인지 인터뷰만 들어가면 너무 긴장이 돼요. 그래서인지 번번이 면접에서 떨어지고 있습니다. 이 악순환에서 벗어나려면 어떻게 해야 할까요?"

청년은 생활비를 벌기 위해 하루 종일 커피 전문점에서 일했다. 그렇게 일해서 손에 쥐는 돈이 한 달에 150만 원 남짓. 자판기 커피를 마시고 도시락을 싸 가지고 다녔으며 공원이나 도서관에서 데이트를 했으나 생활은 늘 빠듯하기만 했다. 친구와 함께 사는 집의 월세가 40만 원, 통신비와 교통비, 생활비와 데이트 비용에 80만 원이 들어갔다. 여기에 학자금 대출에 대한 이자 20만 원까지 내고 나면 통장에는 남는 것이 없었다.

"잔고가 10만 원뿐이네. 월급날까지 아직 일주일이나 남았는데…. 돈이 없어서 동창 모임도 못 가겠다. 이러다 갑자기 아프기라도 하면 어쩌지? 입원이라도 하면 병원비 낼 돈도 없는데."

취업에 실패하는 일이 반복되자 돈에 대한 걱정도 점점 커져갔다. 자꾸 딴 생각만 들어 공부에 집중하기도 힘들었다. 마음이 이렇다 보니 면접에 가서도 자신이 없었다. 조금만 어려운 질문이 나와도 곧바로 말문이 막히곤 했다.

걸음을 멈추고 청년의 얼굴을 바라본 서윤은 자상하게 Having을 하는 방법과 불안을 다스리는 법에 대해 알려주었다. 귀를 기울이던 청년은 서윤의 말이 끝나자 이렇게 말했다.

"선생님을 통해서 행운이 올 것 같은 예감이 들어요. 저도 해낼 수 있을 것 같습니다. 말씀해주신 대로 해보겠습니다!"

그날 저녁 집에 돌아온 그는 서윤의 말을 곰곰이 되새기며 방 안을 둘러보았다. 책상 위에는 대학 때부터 공부하던 책과 핸드폰, 노트북 등이 있었다. 고개를 돌리자 작은 침대, 어머니가 보내준 따뜻한 이불, 여자친구에게 선물받은 곰 인형이 눈에 띄었다.

"아, 내가 가진 것들이 이렇게 많았구나. 쉴 수 있는 집과 나를 사랑하는 사람들이 있었네. 이런 것들이 왜 지금까지 보이지 않았을까?"

Having을 실천한 것도 그때부터였다. 버스를 탈 때, 핸드폰을 사용할 때, 그리고 편의점에서 도시락을 사먹을 때도 늘 가진 것에 대해 기뻐하고 감사하려고 노력했다.

물론 마음이 바로 편안해진 건 아니었다. 돈이 나갈 일이 생기면 금세 불안해지곤 했다. 그럴 때마다 그는 스스로를 향해 이렇게 말하며 타일렀다.

"진정하자. 조금 흔들려도 괜찮다고 선생님께서 말씀하셨지. 지금 나는 부자가 되는 흐름을 타고 있어. 배의 방향을 돌리지 않는 한 나는 안전할 거야."

Having을 할수록 새로운 사실도 알게 되었다.

"지난 1년 동안 남에게 돈을 빌릴 일이 없었구나. 두 달 이상 이자를 밀린 적도, 갑자기 병원에 간 적도 없었네. 정말로 나에게 돈이 있구나!"

생각이 바뀌어 갈수록 몸에도 활력이 돌기 시작했다. 덕분에 최선을 다해 면접 준비에 몰두할 수 있었다.

3개월 후, 한 글로벌 전자 회사의 면접장에서 남자는 자신 있는 태도로 대답하고 있었다. 그로부터 몇 주가 지난 뒤 합격자 명단에는 그의 이름이 있었다.

"지나고 보니 선생님을 만난 게 행운의 시작이었습니다. 이제 선생님께 배운 교훈을 평생 마음에 새길 일만 남았습니다. 진심으로 감사드립니다!"

그는 자신이 실천한 Having의 경험과 자신의 이룬 작은 성취들, 그리고 뜨거운 감사의 마음을 담아 그녀에게 감사의 편지를 보냈다.

23

간절히 원하면 이루어지지 않는다

마음이 깃털처럼 가벼워졌다. 불안을 다스리는 법을 배우자 뭐든지 할 수 있을 것만 같았다. 희망이 솟아나면서 곧 부자가 될 것 같은 느낌도 들었다. 그때 서윤이 입을 열었다.

"Having을 할 때 빠지기 쉬운 함정이 있어요."

단정하게 앉은 그 자세에서 기품이 느껴졌다. 그녀가 말을 이어갔다.

"그건 바로 간절히 원하는 것이에요."

"네?"

의외의 조언을 듣고 말끝이 저절로 올라갔다. 사실 나는 서윤을 다시 만난 후 부자가 되는 것에 강하게 집착했었다. 출근할 때나 회의할 때 그리고 잠자리에 누울 때까지 머릿속은 온통 그 생각뿐이었다.

하지만 서윤의 말을 듣자 뭔가 잘못한 것 같았다. 당황한 나머지 나도 모르게 말을 더듬고 말았다.

"제, 제가 웬만한 자기계발서는… 다 읽었는데요. 간절히 원하면 이루어진다고들 해서…. 그, 그래서 온 마음을 다해… 부자가 되기를 소망했는데… 그게 잘못된 거였을까요?"

"부자가 되는 것을 간절히 원할 때 마음이 편안하던가요?"

"아, 그건…."

그 말을 듣는 순간 찬물을 뒤집어쓴 듯 정신이 번쩍 들었다. 솔직히 말하자면 편안하지 않았다. 집착하면 할수록 원하는 미래가 더 멀게만 느껴졌기 때문이었다. 하루에도 몇 번씩 이런 생각이 들었다. 'Having을 시작했잖아. 그럼 돈이 언제 들어오는 걸까? 이러다 영영 부자가 되지 못하면 어쩌지? 희망 없는 과거로 돌아가고 싶지는 않은데….' 불안했고 두려웠다.

이제 보니 나를 편안함에서 멀어지게 만든 것은 간절하게 원하는 마음이었다. Having의 효과가 예상보다 크지 않았던 이유도 거기에 있었다. 내 실수를 깨닫고 나자 저절로 한숨이 나왔다.

"아니요. 간절히 원할수록 조바심이 들었어요. 부자가 되는 것에 집착하다 보니 결국 지금 나에게 돈이 없다는 생각만 들더라고요. 부자가 되지 못하면 어쩌나 두려워지기도 했죠."

서윤은 잔잔한 호수처럼 고요하게 앉아 커피를 마셨다. 그리고 나에게 물었다.

"전에 무엇을 간절히 원했던 경험이 있으세요?"

고등학교 3학년 때, 나는 꼭 가고 싶은 대학이 있었다. 짝사랑하던 선배가 다니던 학교였다. 돌이켜보면 그 목표에 엄청나게 집착했던 것 같다. 매일 노트에 그 대학 이름을 쓰고 책상이며 머리맡에 그 대학 사진을 붙여놓았다. 그것이 나의 목표의식을 고양시킨다고 생각했다. 하지만 공부를 하려고 앉으면 늘 이런 생각부터 들었다. '이렇게 원하는데 떨어지면 어쩌지? 그럼 안 되는데… 꼭 합격해야 하는데….'

문제는 간절히 바라는 마음이 커질수록 불안과 걱정, 두려움도 자라났다는 사실이다. 도서관에 가면 만화책이나 잡지에 몰두하거나 문제집을 펴놓은 채 그 위에 낙서만 했다. 내 나름의 불안감을 떨치기 위한 방법이었다. 답안지를 백지로 내는 악몽 때문에 잠을 설치는 날도 많았다. 그럴수록 공부에 집중하기는 점점 더 힘들어졌다. 결국 나는 세워놓았던 공부 계획을 다 마치지 못하고 시험장으로 향해야 했다. 꿈꾸던 목표도 그렇게 실패로 끝나고 말았다.

서윤이 테이블 위에 놓인 내 휴대전화를 집어 들었다.

"홍 기자님, 이 핸드폰, 간절히 원하세요?"

"아니요. 그건 이미 제 것인데요…."

대답을 하는 도중 갑자기 그녀가 원하는 답이 무엇인지 알 것 같았다.

"아, 간절한 마음이 들지 않아요. 이미 제 것이라고 생각해서 그런지 그저 편안하기만 해요. 그게 바로 Having이군요. 있음을 느끼는 것!"

서윤은 밝게 웃으면서 엄지손가락을 세워 올렸다.

"정확하게 잘 짚어내셨네요. 간절히 원하는 마음은 '결핍'에 집중하는 거예요. 나한테 지금 없다고 느끼기에 그런 마음이 생기는 거죠."

확실히 이해가 갔다. Having이 '있음'을 가리키고 있는 것이라면 간절히 원하는 것은 '없음'을 향해 가는 것 아닌가? 자석의 N극과 S극처럼 두 마음도 공존할 수 없었다.

"간절히 원하는 마음을 Having과 비교해보죠. Having은 물살에 튜브를 타고 편안하게 흘러가듯 흐름에 몸을 맡기는 것이지요. 자연히 순탄하고 편안할 수밖에 없어요. 반면 간절히 원하는 것은 거칠거칠한 돌 바닥 위에서 무거운 상자를 힘껏 미는 것과 비슷해요. 미는 힘이 셀수록 그 반발 때문에 마찰력도 강해지겠죠."

"무슨 말씀이신지 알 것 같아요."

나는 큰 소리로 대답했다.

"반발력 때문에 불안과 두려움이 생겨나겠죠. 그 불편함이 돈을 밀어내고 무의식에 '없음'을 끊임없이 입력할 거예요. 결국 Having과 반대 방향으로 가는 거죠."

"문제는, 사람들이 결핍의 느낌이 강할수록 더 간절히 원한다는 거예요. 결국 악순환이 되는 거죠."

GURU'S QUOTES

"간절히 원하는 마음은 '결핍'에 집중하는 거예요. 나한테 지금 없다고 느끼기에 그런 마음이 생기는 거죠."

"Having은 물살에 튜브를 타고 편안하게 흘러가듯 흐름에 몸을 맡기는 것이지요. 자연히 순탄하고 편안할 수밖에 없어요."

24

Having 노트

레스토랑에 있던 사람들이 하나둘 자리를 뜨기 시작했다. 나도 이제 녹음기와 컴퓨터를 정리해야 할 때라고 생각했다. 그때 서윤이 차분하게 입을 열었다.

"Having의 효과를 증폭시킬 수 있는 방법을 하나 더 소개해 드릴게요."

"우와, 그게 뭔지 너무 궁금하네요."

"한 달에 한 번 CEO들과 마음 공부를 한 적이 있어요. 그때 이 방법을 알려주었죠. 다들 Having의 효과를 키우는 데 큰 도움이 되었다고 하더군요."

부자들만 아는 특별한 비밀인 걸까? 절로 귀가 솔깃해

졌다.

"Having 노트를 써보세요."

"일기를 쓰듯 Having을 기록하라는 말씀이신지요?"

"네 비슷해요. Having을 어떻게 했는지, 또 무엇을 느꼈는지 짧게 적으면 돼요."

그녀는 설명을 이어갔다.

"이렇게 생각해보세요. 물살을 타고 있는 그 순간에는 자신이 어디로 가고 있는지 볼 수가 없죠. 그런데 점을 찍은 뒤 그것을 연결하면 전체의 흐름을 볼 수 있어요. Having 노트를 쓰는 것도 그렇게 점을 찍는 과정이죠. 하나씩 기록하다 보면 어디로 향하고 있는지 파악될 거예요."

그녀가 부드럽게 덧붙였다.

"통계적으로 한번 살펴보죠. 제 데이터에 따르면 누구나 인생에서 2~5번 정도 퀀텀 점프를 할 수 있는 기회를 만나게 돼요. 다만 안타깝게도 이 시기를 활용해 부자가 되는 사람은 전체의 3% 정도뿐이에요. 나머지는 그것이 기회인지도 모르고 지나쳐 버리죠. 좋은 흐름을 포착해내지 못한 탓이에요."

'퀀텀 점프'라는 표현에 관심이 갔다. 계단을 뛰어오르듯 한 번에 더 높은 곳으로 올라갈 수 있다는 의미였다. 서윤을 다시 만나게 된 그 순간이 내 인생에 찾아온 퀀텀 점프는 아니었을까?

"꼭 그 기회를 잡고 싶어요. 노트 쓰는 법을 자세하게 가르쳐주세요."

"문장은 단순한 것이 더 좋아요. '나는 가지고 있다(I have~)'로 지금 자신에게 있는 것을 적고 '나는 느낀다(I feel~)'로 자신의 감정을 표현하면 돼요. 그 뒤에 감사나 감탄의 표현을 덧붙여도 멋지겠죠. 매일 쓰는 분들도 있지만 저는 한 주에 3, 4회 쓰는 것을 더 권해요. 하루도 빠지지 않고 써야 한다는 의무감에 시달리지 않도록 말이죠."

"어렵지 않을 것 같은데요. 당장 할 수 있을 것 같아요!"

서윤의 말에 영감을 받아 좋은 아이디어가 떠올랐다.

"Having 노트를 인스타그램 같은 곳에 올리면 어떨까요? 사진과 함께 해시태그를 달아도 되고요. 다른 사람이 본다고 생각하면 동기부여도 되고 Having의 기쁨도 더 커질 것 같아요."

서윤이 미소를 지으며 내 생각에 동의해주었다. 그 표정을 보자 '포스'를 처음 배운 루크(영화 〈스타워즈〉의 주인공)가 된 것처럼 가슴이 뿌듯했다. 앞으로 뭐든 해낼 수 있을 것 같은 기분이었다.

그날이 파리에서 보낸 마지막 밤이었다. 작별 인사를 하며 서윤이 내 손을 잡아주었다. 컨디션이 좋지 않은 상황에서도 나를 위해 애써준 그녀에게 고마운 마음뿐이었다. 방으로 돌아가는 그 뒷모습을 바라보면서 나는 더 열심히 Having을 해보겠노라고 결심했다.

집에 돌아온 나는 당장 Having 노트를 시작했다.

6월 8일

I HAVE 후배에게 태국 레스토랑에서 점심을 살 돈이 있다. 전에 일하던 직장의 후배들이 찾아왔다. 그들과 함께 점심을 먹으며 즐거운 시간을 가졌다.
I FEEL 나와 함께해주는 사람들에게 밥을 사줄 돈이 있다니, 부자가 된 기분이다.
그 회사를 그만둔 지 8년이 넘었는데도 나를 찾아주는 후배들의 따뜻한 배려가 고마웠다.

6월 10일

I HAVE 대출금을 갚을 돈이 있다.
I FEEL 돈이 있다고 생각하자 기분이 좋아졌다. Having을 하는 한 대출금 내는 날도 두렵지 않다.

6월 18일

I HAVE 충분한 돈이 있지만 이탈리아 원목 식탁을 사지 않았다.

수입 가구 매장에 갔을 때였다. 이탈리아 식탁을 20% 할인된 가격에 팔고 있었다. 순간 마음이 흔들렸다. 하지만 Having 신호등이 빨간불인 것을 확인하고 사지 않았다.

I FEEL 문제의 식탁을 보고 있자니 기분이 찜찜했다.

그 제품을 본 순간, 친구의 인스타그램에서 본 이탈리아 테이블이 떠올랐다. 그 친구가 그랬듯 나도 분위기 있게 테이블을 장식한 뒤 그걸 SNS에 자랑하고 싶었다. 하지만 Having 신호등을 확인하고 정답이 무엇인지 알게 되었다. '이건 내가 원하던 것이 아니야! 지금 이걸 산다면 두고두고 후회하게 될 거야.'

6월 19일

I HAVE 원하는 식탁을 살 돈이 나에게 있다.

그동안 찾아왔던 월넛 테이블을 드디어 발견했다! Having 신호등에 초록불이 들어온 것을 확인하고 지갑을 꺼냈다. 그런데 뜻밖의 행운이 찾아왔다. 제품이 출시된 기념이라며 특별 할인을 해주겠다는 것 아닌가? 그것도

40만 원이나!

I FEEL 행운이 찾아온 느낌이다.

기대치 않은 할인을 받게 되다니, 기분이 너무 좋았다. 예산보다 조금 더 비싼 제품을 사게 되었지만 돈이 아깝다는 생각이 들지 않았다. 이 테이블에 둘러앉아 많이 웃을 것을 생각하니 벌써부터 마음이 설렌다.

어렸을 적 나는 점선 잇기 게임을 좋아했다. 점과 점 사이를 연결하다 보면 어느새 그림 하나가 완성되었다. 흩뿌려진 모래처럼 보이던 점들이 물고기나 펭귄으로 변할 때의 그 희열감이란! Having 노트를 쓰는 것도 이와 비슷했다. 매일 일어난 일들을 하나씩 기록하고 나자 평소에 보이지 않던 것들이 한눈에 들어왔다.

가장 먼저 눈에 띈 것은 '있음'의 기쁨이 커지고 있다는 사실이었다. 노트에 따르면 나는 더 자주, 더 강하게 Having을 느끼고 있었다. 그 감정이 강해질수록 돈과 행운도 본격적으로 그 모습을 드러냈다. 예상치 못한 공돈이 찾아오거나 뜻밖의 행운을 만나는 일이 종종 있었다. 한발 더 나아가 나는 현재에 머무를 수 있게 되었다. 아직 오지 않은 미래를 걱정하기보다 진심으로 돈을 쓰는 그 순간을 즐길 수 있게 된 것이다.

  무엇보다 가장 짜릿했던 사실은 이것이었다. 나는 분명 부와 풍요로 향하는 흐름 위에 있었다!

GURU'S QUOTES

"물살을 타고 있는 그 순간에는 자신이 어디로 가고 있는지 볼 수가 없죠. 그런데 점을 찍은 뒤 그것을 연결하면 전체의 흐름을 볼 수 있어요. Having 노트를 쓰는 것도 그렇게 점을 찍는 과정이죠. 하나씩 기록하다 보면 어디로 향하고 있는지 파악될 거예요."

날개를 펼치다

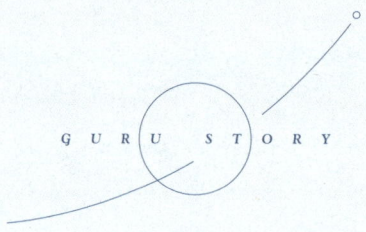

GURU STORY

뉴밀레니엄이 도래하자 서윤은 더 넓은 세상으로 뻗어 나갔다. 동양의 고전을 마스터한 것에 그치지 않고 서양의 고전까지 아우른 것이다. 이 분야를 보다 깊이 탐구하기 위해 서윤은 직접 미국과 유럽, 인도를 찾아가 그곳의 스승들을 만났다. 대가들이 교류하는 것은 그 옛날 강호의 고수들이 합을 겨루는 것과 비슷했다. 길지 않은 대화를 통해서도 서로 부족한 부분을 채워주고 그 내공의 깊이를 더할 수 있었다.

세상을 통찰하는 데 도움이 되는 현대 학문들도 섭렵했다. 기업이 운영되는 원리를 익히기 위해 연세대에서 경영학을, 국가의 정책에 대해 알기 위해 서울대 대학원에서 행정학을 전공했다. 거기에 더한 것이 심리학, 사회학, 물리학 등 사회

과학과 기초과학에 대한 공부였다. 동서양의 고전부터 인문학 및 실용 학문, 수만 명에 대한 사례 분석까지. 이 모든 준비를 마친 서윤은 이미 구루로서 완성된 모습이었다.

최고가 최고를 알아보는 법일까? 그녀를 가장 먼저 찾아온 이들은 세계적인 회사의 창업주들이었다. 수많은 사람들을 만나본 노(老) 회장들은 젊디젊은 구루의 내공을 한눈에 알아차렸다. 그들은 서윤의 통찰에 따라 전략을 수정하고 인사를 결정하는 등 자문을 구해 얻은 답을 즉각 실행에 옮겼다. 재계 리더들의 움직임을 보고 다른 부자들이 따라온 것은 당연한 일이었다. 대기업의 오너와 경영자, 그리고 투자자와 부동산 부자들이 앞다투어 그녀를 찾아와 조언을 구했다.

서윤을 만난 이들은 그 뛰어난 통찰력에 감탄했다. 투자자들은 그녀에게 주식, 채권, 부동산 중 어느 종목에, 언제 투자할지를 물었다. 기업가들은 중요한 투자를 결정하거나 핵심적인 인물을 기용하기에 앞서 그녀를 찾았다.

서윤이 솔루션을 도출하는 과정은 '음양陰陽이론'(모든 사물은 대립되고 상반되는 속성의 힘에 의해 견제와 균형을 이루고 있다는 것)에 입각하여 설명될 수 있다. 그녀는 거시적 고찰과 미시적 분석을 종합해 그 사람이 택할 수 있는 최고의 전략을 내놓았다. 그것은 넓고 깊은 시각으로 시대의 흐름을 분석하고(거시적 고찰), 개인의 장단점과 개성에 최적화시킨 솔루션(미시적 분석)이었다.

운명에 순응하라고 말하는 현자나 이미 벌어진 현상을 분석하는 학자와 달리 그녀는 현실적으로 빠르고 쉽게 소망을 이루는 방법을 알려주었다. 덕분에 그녀를 만난 이들은 승승장구를 거듭했다. 재산을 수십 배로 불리고, 부도의 위기에서 탈출했으며, 결정적인 기회를 잡았다. 인생의 '퀀텀 점프'가 이뤄진 셈이었다.

그녀에게 자문 받은 사람들이 연전연승하게 되자 구루의 명성 또한 높아질 수밖에 없었다. 서윤의 책은 해당 분야에서 베스트셀러가 되었고 주요 신문에는 그녀의 인터뷰가 실렸다. 전경련이 개최하는 CEO 강의에 최연소 강사로 초청되기도 했다.

하지만 그녀의 지혜가 나날이 빛을 발하던 그 시기, 서윤은 자신의 소명에 대해 실존적 성찰을 거듭하고 있었다. 삼십 대를 앞두고 서윤은 본격적으로 이 문제에 깊이 천착하게 된다.

행운의 법칙

5

25

인생의 변화

Having을 알기 전까지 내 삶은 전쟁터와도 같았다. 아침 일찍 일어나 피곤한 몸으로 만원 지하철을 타고 출근길에 올랐다. 회사에서 정신없이 일을 하다가도 아이가 열이 난다는 연락을 받으면 상사의 눈치를 보며 일을 작파하고 달려갔다. 어린이집 선생님이나 베이비시터에게 전화가 올 때면 가슴이 철렁 내려앉곤 했다. 일과 육아, 그리고 필수적인 가사노동까지, 내 한계치를 넘어서인지 늘 몸은 물먹은 솜처럼 무겁기만 했다. 만성 두통과 소화불량, 고질적인 목과 허리 통증은 기본이었다.

아이에게는 늘 미안한 마음이었다. 곁에서 돌봐주지 못

하는 미안함, 항상 피곤한 얼굴을 보여줘야 하는 미안함. 매일 밤 잠든 아이의 얼굴을 쓰다듬으며 나는 같은 고민에 빠졌다. 회사를 그만둬야 하나. 솔직히 말해 일에서 보람이나 재미를 느끼지 못한 지는 오래였다. 나는 무엇을 향해 달려가고 있는 것일까? 누구를 위해, 무엇을 위해 이렇게 사는 걸까? 스스로에게 아무리 물어봐도 답은 떠오르지 않았다.

그렇다고 회사를 그만둘 용기도 없었다. 월급이 끊기는 삶이라니, 상상도 하기 힘들었다. 30년 동안 갚아야 할 대출금, 아이에게 들어갈 교육비, 그리고 은퇴 후 생활비까지…. 앞으로 돈 나갈 일은 산더미처럼 쌓여 있었다. 남편의 월급만 갖고는 턱없이 부족했다. 몇 번이나 계산기를 두드려봐도 나는 같은 결론에 이르렀다. 지금 힘들어도 참아야 한다. 내 주변, 가족, 친구, 동료들을 봐도 모두 이렇게 살고 있지 않는가?

이런 나 자신이 더 비참하게 느껴지는 순간은 돈 잘 버는 배우자를 두었거나 태생부터 달랐던 친구들을 볼 때였다. SNS 세상 속 그들의 삶은 말 그대로 여유가 넘쳐흘렀다. 아침에는 필라테스 개인 레슨을 받고 명품옷을 걸치고 나가 트랜디한 식당에서 브런치를 먹었다. 백화점에서 쇼핑을 즐기고 연휴만 되면 해외로 여행을 떠났다. 그들의 삶에는 청소나 빨래 같은 가사는 존재하지 않는 듯했다. 그 일은 비용을 지불하고 고용한 누군가의 업무일 테다. 인스타그램 속에서 웃고 있는 친구들의 얼굴 속에서는 내가 매일 머릿속으로 셈하는 돈 걱정이라곤 찾아보기 힘들었다. 부러웠고, 때론 비참했다.

하지만 서윤을 만나고 Having을 시작한 이후 내 인생도 조금씩 달라지고 있었다. 이제 더 이상 나는 내 삶에 대해 불평불만을 늘어놓거나 불필요한 질투에 휩싸이지 않는다. 원하는 인생을 향해 나아간다는 확신이 있기 때문이다. 그렇다, 나는 가슴에 희망을 품고 부자가 되는 길을 걷고 있다. 무엇보다 나는 지금 이 순간을 산다.

파리에서 돌아오는 비행기 안에서 서윤이 계속 떠올랐다. 좋지 않은 컨디션 속에서도 나를 위해 최선을 다하던 그녀. 에너지를 전해주기 위해 정성을 다하던 그 모습이. 누군가 나를 위해 이토록 애써주다니…. 나의 귀인을 위해서라도 최선을 다해 Having을 해봐야겠다고 나는 다짐하고 또 다짐했다.

본격적으로 Having을 실천하면서 특히 유용했던 것이 파리에서 배운 Having 신호등이었다. 돈을 쓰기 전 나는 두 손가락을 얼굴 앞에 들고 Having 모션을 취하곤 했다. 그 동작을 하며 내면에 집중할수록 마음에서 보내는 신호가 보다 선명하게 감지되는 듯했다. 웨이트 트레이닝을 통해 근육이 단련되듯 Having 신호등을 사용하면서부터 편안하게 돈을 쓰는 일이 점차 수월해졌다.

신호등 덕분인지 Having의 감정도 점점 강해졌다. 처음 Having을 했을 때에는 그저 잔잔한 물결 같은 기쁨만 느껴졌다. 그런데 지금은 다르다. Having을 하고 있으면 몸 안에서 기쁨의 불꽃이 팡팡 터지는 듯한 느낌이 찾아온다. 그럴 때면 나는 눈을 감고 이런 상상을 한다. 내 몸 전체가 자석이 되어 행운과 돈을 끌어당기는 모습을. 그 감정을 충분히 느끼고 나서 나는 스스로에게 이렇게 말한다.

"그래, 행운과 돈이 끌려오는 것이 느껴져. 나는 지금 행복한 부자가 되고 있어."

'있음'의 느낌이 강해질수록 돈에 대한 내 감정도 변화하기 시작했다. 이전의 나라면 슈퍼마켓 계산대에 서서 이렇게 생각했을 것이다.

'저 소고기 안심, 엄청 비싸네. 괜히 골랐나 봐. 점원이 집어 든 저 대구는 굳이 안 사도 될 것 같은데…, 지난번에 사놓은 냉동 치킨도 아직 있잖아. 아직 절반도 계산하지

않았는데 10만 원이 넘었네. 어쩜 좋지? 몇 개를 취소하는 게 나으려나?'

그렇게 장을 보고 나면 마음이 불편하기 이를 데 없었다. 잘못한 것도 없는데 괜히 죄지은 기분만 들었다. 모든 것이 알뜰하지 않은 내 탓 같았다.

그런데 요즘 마트 계산대 앞에 서면 이런 생각이 든다.

'오늘 신선한 연어를 요리해서 먹을 수 있겠네, 기분 좋다. 저 유기농 딸기를 아이가 얼마나 맛있게 먹을까? 상상만 해도 웃음이 나오네. 그래, 나에게 돈이 있구나. 이걸 살 돈이 있어. 이렇게 좋은 것들을 살 수 있다니, 감사해야겠다!'

이런 생각을 하며 카드를 내고 서명을 하고 나면 마음이 저절로 뿌듯해졌다. 내가 번 돈으로 가족들의 건강과 행복에 투자하고 있는 것 같아서다. 그런 날이면 양손 가득 장바구니를 들어도 전혀 무겁지가 않았다. 오히려 어깨가 으쓱해질 정도로 그 봉투들이 자랑스럽게 느껴졌다.

물론 불안감에 사로잡혔던 시간도 있었다. 그중 하나가 전기세 청구서를 받은 날이었다. 유난히 더웠던 여름, 에어컨을 많이 틀어놓아서인지 전기 요금이 평소보다 20만 원이나 더 많이 나왔다. 고지서를 받은 날, 봉투를 열자마자 눈앞이 캄캄해지는 기분이었다. 나도 모르게 심장부터 벌렁거리기 시작했다. '웬 전기세가 이렇게 많이 나왔어? 이번 달에 애 학원도 하나 추가했는데…, 생각지도 않은 지출이 생겼네. 어쩌면 좋지? 큰일이다, 마음 관리가 이 모양이니… 어떻게 부자가 되겠어?'

그때였다. 맑은 풍경 소리가 들리듯 어디선가 서윤의 목소리가 들려오는 것 같았다.

"지금 흔들린다 해도 우리는 계속 목적지를 향해 나아가고 있음을 잊지 말아요. 여전히 안전해요. 불안을 목적지에 도착하는 과정의 일부로 받아들이면 그것을 떨쳐내기 위해 과장된 행동을 하지 않을 수 있지요."

얼른 핸드폰을 집어 들고 그동안 써놓은 Having 노트를 열어보았다. 기록된 것들을 하나씩 읽어가자 불안했던 마음이 조금씩 가라앉기 시작했다. 입가에는 저절로 미소가 번져갔다. '그래, 서윤도 말했었지. 불안은 자연스러운 감정이라고. 여기 이 노트를 봐. 이렇게 부자로 가는 길을 걷고 있잖아.' 그렇게 불안감을 날려버린 덕분에 나는 본 궤도에서 벗어나지 않을 수 있었다.

그러던 어느 날, 나는 새로운 결심을 하게 되었다. 꼭 돈을 쓸 때가 아니어도 Having을 하겠다고 마음먹은 것이다.

Having의 장점 중 하나가 시간과 장소에 구애받지 않고 할 수 있다는 것 아닌가.

가장 먼저 바꿔보고 싶었던 것이 출근 시간이었다. 매일 아침 지하철을 타고 가는 그 시간에 나는 핸드폰에 고개를 처박고 다른 사람들의 SNS를 들여다보곤 했다. 남들이 웃는 모습에 '좋아요'만 실컷 누르고 나면 남는 것은 질투와 박탈감뿐이었다. 그런 감정을 안고 출근한 날에는 무얼 해도 그저 우울하기만 했다.

이제 그 시간을 Having에 써보리라. 새롭게 마음먹은 첫날이었다. 나는 지하철 의자에 앉아 서윤에게 배운 것들을 되새기고 있었다. 먼저 눈을 감고 호흡에 집중한 다음 내가 가진 것들을 떠올려보았다.

'자, 나에게는 건강한 신체가 있어. 덕분에 씩씩하게 출근할 수 있잖아. 남편하고 아이도 있지. 그들이 건강한 것도 얼마나 감사할 일이야. 출근할 회사가 있고, 따뜻한 집도 있네. 밥 굶을 걱정도 없고 말이야. 내 검정 가방과 베이지색 구두, 지금 입고 있는 실크 블라우스까지…. 이 모든 게 다 나에게 있구나!'

이런 생각을 하다 보면 마음속에서 충만한 행복이 느껴졌다. 그 감정에 푹 빠져든 뒤 나는 천천히 눈을 뜨고 그 느낌을 Having 노트나 SNS에 적곤 했다. 그렇게 하루를 시작하고 나면 모든 것이 그저 기쁘고 감사하게 느껴질 뿐이었다.

26

행운이 찾아오다

얼마 가지 않아 나는 본격적으로 Having의 효과를 실감하게 되었다. 무엇보다 몸이 먼저 반응하기 시작했다. 오래된 두통과 소화불량이 사라졌고 돌을 올려놓은 듯 무거웠던 어깨가 개운해졌다. 온몸이 가벼워지면서 운동을 막 끝낸 듯한 활력도 돌았다. 머리가 맑아지자 일할 때 집중력도 높아졌다. 업무 성과 또한 좋아질 수밖에 없었다.

마음이 편해서일까, 이제는 사소한 일에도 웃음이 나왔다. 동료가 썰렁한 농담을 해도 박장대소가 터졌고 아이의 작은 행동 하나하나가 신비롭게 다가와 환한 웃음이 번졌다. 퇴근길 하늘을 물들인 석양을 보고 있을 때면 입가에 미소가 지어졌다. 분명 나는 이전보다 더 자주, 더 강하게 행복을 느끼고 있었다.

변화를 먼저 감지한 것은 주변 사람들이었다. 사랑에 빠진 것을 감추기 힘든 것처럼 내 마음이 바뀐 것도 숨기기 어려운 모양이었다. 직장 동료들은 나를 보고 이렇게 말했다. "오늘따라 얼굴이 좋아 보이네요. 마치 연애하는 사람 같은데요?" "요즘 좋은 일 있으세요? 얼굴이 환해졌어요."

내 인스타그램에 달리는 댓글도 바뀌기 시작했다. 내가 부럽다는 말들이 대부분이었다. "요즘 내 주변에서 네가 제일 행복해 보여. 진심 부럽다." "나도 너처럼 작은 일에도 감사해야겠어." 한번은 유달리 샘이 많은 동창 하나가 전화를 걸어왔다. "요즘 그렇게 얼굴이 좋아진 비결이 뭐니? 혼자만 알지 말고 나도 좀 알려주라." 귀인을 만난 덕이라는 답이 입 밖으로 튀어나올 뻔했으나 그냥 웃고 말았다. 아직은 비밀을 알릴 때가 아닌 것 같아서다.

행운이 본격적으로 모습을 드러낸 것도 그때부터였다. 사실 나는 운과는 거리가 먼 사람이었다. 회사 행사나 망년회에 빠짐없이 참석해도 경품 근처에 가본 적도 없었다. 식당에서는 항상 옆 테이블 음식이 먼저 나왔고 딸기 한 팩을 사도 아랫줄에는 흠집 난 것 투성이였다. 큰마음 먹고 주식을 샀을 때는 내가 산 종목만 하한가를 그렸다. 사실 복권에 당첨되는 요행은 바라지도 않았다. 그저 아주 작은 행운이라도 맛보고 싶을 뿐이었다. 하지만 그 작은 행운마저도 늘 자비 없이 나를 피해가는 것만 같았다.

그런데 그렇게 멀게만 느껴지던 그 행운이 이제는 고양이처럼 살금살금 내 곁에 다가와 앉았다. 처음에는 아주 사소한 일들로 시작되었다.

어느 날 아침, Having을 처음 시작했던 그 커피점에서 카페라테를 주문했을 때였다. 아무 생각 없이 카드를 긁었는데 카운터에서 '디링~' 하는 소리가 났다. 그 소리를 듣고 이제는 꽤 친해진 그 직원이 환하게 웃었.

"우와, 축하드려요! 무료 음료 쿠폰에 당첨되셨네요. 우리 매장에서 하루에 딱 한 명만 뽑거든요."

그다음 행운을 만난 장소는 결혼 기념일에 찾아간 프랑스 식당이었다. 와인을 마시면서 주문한 요리를 기다리고 있는데 종업원이 시키지도 않은 푸아그라를 들고 왔다. "손님, 죄송합니다. 저희 쪽에 착오가 있어서 주문이 잘못 들어갔습니다. 사과의 뜻으로 이걸 드시고 계시면 주문하신 음식을 가져다 드리겠습니다." 메뉴판을 슬쩍 보니 그 푸아그라는 내가 주문한 애피타이저보다 두 배나 더 비싼 요리였다. 그날 저녁 우리는 행복한 비명을 지르며 여러 음식을 한꺼번에 즐길 수 있었다.

행운은 시간이 지날수록 본격적으로 그 모습을 드러내기 시작했다. 종이컵 한 팩을 골라도 보너스 팩 하나가 공짜로 딸려왔다. 우연히 들른 백화점에서는 내가 딱 찍어놓은 겨울 코트가 70% 세일 중이었다.

회사 워크숍에 갔을 때였다. 행사 프로그램 중 하나인 테이블 대항 게임에서 우리 팀이 1등을 했다. 상품으로 받은 것이 10만 원 상당의 커피 쿠폰. 그다음 순서인 행운권 추첨 시간에 나는 별생각 없이 그 쿠폰만 만지작거리고 있었다. 그런데 '와' 하는 소리가 나면서 사람들이 나를 쳐다보는 것 아닌가? 고개를 들고 무대를 보니 사회자가 내 이름이 적힌 종이를 흔들고 있었다. 경품 추첨에서 내가 2등에 뽑힌 것이다. 상품은 그렇게 갖고 싶었던 스마트 워치! 무대 위로 올라가 상품을 받으면서도 기분이 얼떨떨하기만 했다. 하지만 행운이 찾아온 이유만은 확실히 알 것 같았다. 그것은 바로 Having이었다.

돈이 확실하게 들어온다는 느낌이 든 것도 그 즈음이었다. 이전까지 대출금을 갚는 날은 늘 우울하기만 했다. '몇 년 동안 갚았는데 빚이 줄지를 않네. 이건 뭐 밑 빠진 독도

아니고, 갚아도 갚아도 끝이 없잖아. 돈 나갈 생각을 하니 또 짜증만 난다.'

하지만 Having을 시작한 이후 나는 이렇게 생각하게 되었다. '빚을 갚을 돈이 나에게 있구나. 사실 대출받는 것도 아무나 할 수 있는 것이 아니잖아. 담보와 신용, 거기에 갚을 능력까지 있어야 하니깐. 나에게는 그런 것들이 다 있는 거야. 대출을 갚는 것 자체가 내 능력을 증명하는 것이지.'

그날도 나는 은행 창구에 앉아 대출금을 내며 Having을 하고 있었다. 그런데 컴퓨터 화면을 들여다보던 직원이 뜻밖의 제안을 했다. "고객 등급이 올라가셨네요. 금리도 내려갔고, 은행 정책도 바뀌었는데 이자율을 한번 재평가 받아보시죠." 별다른 기대 없이 신청서를 작성하고 회사로 돌아왔다. 그로부터 몇 시간 뒤, 문자 하나가 도착했다. 화면을 여는 순간, 나는 그 자리에서 펄쩍 뛰어오를 뻔했다. 이자율이 0.5%나 내려간 것이다! 문자를 보고도 그 숫자가 믿기지 않아 나는 핸드폰을 몇 번이나 확인하고 또 확인했다.

그날 밤 나는 혼자만의 시간을 보내며 Having 노트를 쓰고 있었다. 생각하면 할수록 나에게 일어난 이 모든 변화들이 신기하기만 했다. '세상에나, 이자가 내려가다니!

역시 서윤이 알려준 대로구나. Having을 하니까 이렇게 돈이 들어오네.' 그 감정을 즐기던 도중 갑자기 이런 생각이 들었다.

'Having도 잘되는데 오늘 여름 휴가를 예약해야겠다!'

사실 몇 년 전부터 꼭 가보고 싶었던 곳이 있었다. 인도네시아 발리였다. 하지만 막상 선택을 하려면 늘 망설여지곤 했다. 다른 동남아 휴양지보다 항공료와 호텔비가 비쌌기 때문이다. 며칠 안 되는 휴가에 그렇게 큰돈을 쓰다니, 휴가지에서 누릴 기쁨보다 먼저 죄책감과 긴장감이 밀려오곤 했다. 몇 번을 거듭 고심한 끝에 나는 늘 더 저렴한 여행지를 택하곤 했다.

그렇게 떠난 휴가가 만족스러울 리 없었다. 마음속에 불만이 가득해서일까, 여행 내내 불운만 따라오는 것 같았다. 택시 기사나 식당 주인에게 바가지를 쓴 것도 여러 번. 휴가 내내 줄기차게 비가 오는 건 이제 새로운 일도 아니었다. 예기치 않은 태풍으로 돌아오는 비행기가 취소된 적도 있었으니까. 상황이 이렇다 보니 휴가에서 돌아오면 내 기분은 항상 엉망진창이었다.

하지만 이제 나는 Having을 하고 있지 않은가? 이번에는 내가 원하는 것을 선택해도 될 것 같았다. 발리로 가는 항공권을 검색한 뒤 그것을 보면서 Having 모션을 취해보았다. 기쁨이 손가락을 타고 온몸으로 흐르는 것 같았다. 잔잔한 호수 위에 떠 있듯 모든 것이 편안하게만 느껴졌다. 그것은 의심할 여지 없는 초록불이었다. 내면의 신호가 확실하게 느껴지자 더 이상 망설일 필요가 없었다. 나는 주저하지 않고 바로 구매 버튼을 눌렀다. 결제를 확인하는 순간, 온몸이 나른하게 이완되며 평온한 행복감이 온몸을 감싸는 것 같았다.

그날 밤 나는 뿌듯한 만족감을 느끼며 잠자리에 들었다.

'드디어 발리에 가게 된다니, 너무 신난다. Having을 할수록 내 인생이 더 좋은 것들로만 채워지는 기분이야.'

27

완벽한 휴가

발리에서 보낸 일주일은 말 그대로 인생 최고의 휴가였다. 행운은 공항에서부터 시작되었다. 항공사 카운터에 짐을 올리고 있는데 단정하게 머리를 묶은 직원이 이렇게 말했다.

"오늘 이코노미 클래스가 만석입니다. 가족분 모두를 비즈니스 클래스로 업그레이드해드리겠습니다."

뜻밖의 행운으로 우리는 비행하는 일곱 시간 내내 편안한 좌석을 즐길 수 있었다. 넓고 푹신한 의자에서 다섯 살 아들은 한 번도 보채지 않고 세 시간을 내리 잤다. 간만에 나도 영화와 책을 보며 한가로운 시간을 보낼 수 있었다.

그다음 행운을 만난 장소는 호텔 스파였다. 사실 나는 호텔에 있는 고급 스파를 이용해본 적이 없었다. 마사지 한두 시간을 받는데 100달러를 넘게 쓰다니, 말도 안 되는 일이었다. 그 돈이면 아들의 한 달치 미술 학원비를 내고도 남았다. 하지만 고급스러운 분위기와 은은한 향기 속에서 온몸이 릴랙스되는 그 마사지를 꼭 한번 받아보고 싶었다. 결국 나는 휴가를 갈 때마다 미련을 버리지 못한 채 스파 입구를 기웃거리곤 했다.

그런데 이제 스스로를 괴롭힐 필요가 없어졌다. 나에게는 강력한 무기, Having 신호등이 있지 않은가? 스파를 가기에 앞서 나는 두 손가락을 눈 앞으로 올리고 Having 모션을 취해보았다. '그래, 나에게는 이런 고급 서비스를 받을 돈이 있어. 일 년에 한 번, 휴가를 즐길 자격도 있지.' 머리부터 발끝까지 퍼져가는 그 느낌은 바로 행복감이었다. 마사지를 받기도 전에 온몸이 부드럽게 이완되는 듯했다. 두 번 볼 것도 없는 초록불이었다.

그 기세를 몰아 나는 기운차게 문을 열고 스파에 들어갔다. 그런데 인도네시아 전통 복장을 입은 직원이 손을 가지런히 모으며 이렇게 말하는 것 아닌가? "한 시부터 해피 아워입니다. 모든 서비스가 50% 할인되죠." 그날 오후, 나는 늘 꿈꿔왔던 그대로 럭셔리한 스파를 즐겼다. 그것도 정확히 반 값만 내고!

다음 날이었다. 나는 선베드에 길게 누운 채 바닷가에서 모래성을 쌓는 남편과 아이를 바라보고 있었다. 빛나는 적도의 태양과 새파란 하늘, 멀리서 포말을 일으키며 달려오는 파도까지. 더할 나위 없이 근사한 풍경이었다. 모래로 장난을 치던 아들이 까르르 웃자 그 웃음소리가 하얀 백사장 위로 울려 퍼졌다. 기분 좋은 그 소리에 내 입가에도 저절로 미소가 감돌았다. 팔을 뻗어 옆에 놓인 코코넛 주스잔을 들며 나는 이렇게 생각했다. '진짜 멋진 휴가야. 이 기분을 놓치지 않도록 Having 노트를 써야지.'

> 8월 1일
>
> **I HAVE** 발리에서 멋진 휴가를 즐길 돈이 있다.
> **I FEEL** 환상적인 날씨와 맛있는 음식, 그리고 기대 이상으로 마음에 드는 호텔…. 모든 것이 만족스러운 휴가다. 거기에 연속으로 행운을 만나다니, 나는 정말 운이 좋은 사람이다!

그때 휴대전화 화면에서 새 메일이 도착했다는 알람이

떴다. 회사의 글로벌 본부에서 보낸 것이었다. 휴가 중이었으니 굳이 확인할 필요가 없었지만 그 메일을 열어보았다. 왠지 기분 좋은 예감이 들었기 때문이다.

'건강 보험과 관련된 회사 정책이 바뀌었습니다. 만 40세가 넘는 직원들에 한해 지원금을 지급하겠습니다.'

마침 몇 달 전이 내 마흔 번째 생일이었다. 나도 그 대상자가 될 수 있다는 것이다. 첨부 파일을 열고 지원될 금액을 확인하는 순간, 나는 선베드에서 벌떡 일어날 수밖에 없었다. 5천 달러! 바로 다음 달에 월급을 제외하고도 5천 달러가 더 들어온다는 소리였다. 그것은 발리 휴가 비용을 충당하고도 남는 액수였다. 이 메일을, 이 타이밍에, 이곳에서 받다니, 그저 놀라울 뿐이었다. 혹시 행운의 여신이 나 몰래 마법을 부리는 것일까?

그렇게 소중한 휴가의 마지막 날이 찾아왔다.

지난 휴가까지만 해도 휴가지에 오면 어딜 가든 불안과 걱정이 먹구름처럼 피어 오르곤 했다. '호텔 방에서 퀴퀴한 냄새가 나네. 좀 더 좋은 곳으로 예약했어야 했나.' '아니, 랍스터가 왜 이리 비싸? 혹시 나한테 바가지 씌우려는 거 아니야? 지금이라도 다른 식당으로 옮겨야 하나?' '아무리 호텔 수영장이라도 그렇지, 햄버거가 무슨 25달러야.

맛도 별로 없을 것 같은데 자꾸 돈만 쓰게 되네.'

하지만 이번에는 모든 것이 달랐다. 밤하늘에서 불꽃놀이가 펼쳐지듯 행운이 내 앞에서 펑펑 터졌기 때문이다. 호텔에서 체크인을 하면 방이 업그레이드되었고, 식당에서는 서비스 음식이 나왔다. 친절한 택시 기사 덕분에 좋은 기념품 가게와 멋진 관광지도 소개받았다. 덕분에 나는 이 휴가를 마음껏 즐길 수 있었다. 이 순간에 느껴지는 모든 기쁨을 충분히 만끽하면서. 발리 공항에 도착해 탑승구를 향해 걸어가며 나는 이렇게 생각했다.

'모든 게 다 Having을 한 덕분이야. 그래, 내 인생이 정말 바뀌고 있나 봐…. 이 흐름을 타고 가면 곧 부자가 될 수 있을 거야.'

그때 가방에 넣어두었던 핸드폰이 울렸다. 서윤이 보낸 메일이 도착한 것이다. 그녀는 조만간 한국에 들어올 예정이고 한국에서 나를 만날 수 있다고 알려주었다. 따뜻한 그 안부의 글을 읽는 순간 머릿속에 좋은 생각이 떠올랐다.

'아! 선물을 사야겠다. 지금 느끼는 이 기쁨을 나의 귀인과 나누고 싶어!'

마침 면세점에서는 발리의 특산품인 커피를 팔고 있었다. 나는 콧노래를 부르며 커피를 고른 뒤 계산대로 걸어가 카드를 내밀었다. 서윤에게 건네줄 선물이어서 그런지, 평소보다 더 강력한 기쁨이 느껴졌다. 따뜻한 충족감이 온몸을 채우는 듯했다.

열흘이 지나고 서윤을 만나기로 한 날이 되었다. 선물을 들고 경쾌한 걸음으로 그녀가 메일로 알려준 주소지에 도착했다. 헌데 분위기가 조금 이상했다. 검은 세단과 양복을 입고 초조한 듯한 표정으로 서성이는 남자들이 여럿 보였던 것이다.

"선생님께서 한국에 오셨다고 들었는데… 어디 가신 걸까요? 인사 개편을 앞두고 회장님이 꼭 뵙고 싶다고 하셔서 어제부터 줄곧 기다리는 중입니다만…."

"오늘 꼭 만나뵈어야 할 텐데요. 차에서 사모님이 저렇게 기다리시는데… 만나뵐 수 있을지 걱정입니다."

단박에 알 수 있었다. 그들은 서윤을 기다리는 사람들이었다. 그러고 보니 소문을 들은 적이 있었다. 그녀가 한국에 왔다는 소식이 전해지면 많은 사람들이 찾아와 기다린다는 것이었다. 순간 가슴이 철렁 내려앉았다. 이 사람들을 피해 서윤이 어디로 떠나버린 것은 아닐까? 그러면 큰일인데, 꼭 만나야 하는데…. 황급히 핸드폰을 꺼내 들었다. 긴장해서인지 문자를 누르는 손가락이 떨려왔다.

"집 근처에 기다리는 사람들이 많은데… 지금 어디신가요? 오늘 만나주실 수 있는지 궁금해요."

문자를 전송한 뒤 몇 분 동안 전화기를 뚫어지게 바라보았다. 핸드폰은 먹통이 된 듯 잠잠하기만 했다. 서윤을 만날 기회가 사라지는 건 아닌지 속이 바짝바짝 타들어갔다. 그때 핸드폰에 불이 들어오면서 반가운 메시지가 도착했다.

"홍 기자님, 미리 연락드리지 못해서 미안해요. 집 근처가 복잡해서 잠시 다른 곳에 와 있어요."

서윤은 고궁 근처의 한 호텔을 알려주었다. 기쁨과 감사함에 벅찬 마음이 차올랐다. 어쩌면 이 또한 Having이 주는 행운일지도 몰랐다.

28

운의 법칙

호텔 고층에 도착한 나는 엘리베이터에서 내렸다. 유리 너머로 옛 궁궐이 고풍스러운 자태를 드러내고 있었다. 수백 년 전 저곳에서 왕은 국정을 논의했겠지. 아니면 오늘처럼 따스한 날엔 햇살을 즐기며 산책을 했을 거야. 궁궐을 가로지르며 몇 마리의 새가 날아가고 있었다. 고즈넉한 풍경을 바라보고 있자니 구루를 놓칠까 봐 긴장했던 마음이 서서히 풀어졌다.

그때 서윤이 다가왔다. 짙은 녹색 빛깔의 레이스 드레스에 금빛 하이힐을 신고 상앗빛 핸드백을 들고 있었다. 연한 오렌지색 립스틱 덕분인지 얼굴이 환하게 빛나는 것 같았다. 염려한 것과 달리 밝고 건강한 분위기였다.

"오늘 뵙지 못할까 봐 걱정했어요. 기다리는 사람들이 많던데… 이렇게 시간을 내주셔서 진심으로 감사해요."

그녀가 미소를 지으며 내 어깨에 손을 살짝 얹었다.

"세상에 우연은 없어요. 우연처럼 보이는 만남도 사실 오랫동안 준비된 기적이에요. 직접적이든 간접적이든 저를 만났다면 그 사람은 운의 갈림길에 서 있거나 곧 갈림길에 서게 되죠. 그중 좋은 운을 키우거나 나쁜 운을 피해 갈 사람들과는 인연이 계속 이어지더군요."

준비한 선물을 전하자 서윤이 눈을 빛내며 부드럽게 웃었다. 그다음 입가에 미소를 띤 채 커피 향기를 깊숙이 들이마시며 눈을 감았다. 진심으로 기뻐하는 모습이었다.

"마음에 드셨으면 좋겠어요. 신기하게도 이 선물을 사면서 Having이 더 잘 되는 기분이었어요."

서윤이 고개를 끄덕였다.

"주역에 '적선지가 필유여경(積善之家 必有餘慶, 선행을 쌓은 집안에는 반드시 경사스러운 일이 있다)'이라는 말이 나오죠. 여기서 선행이란 남은 물론 나 자신에게도 이로운 일을 말해요. 상대방을 위할 때 느껴지는 기쁨, 그 마음을 잘 간직하다 보면 앞으로 반드시 좋은 일이 생길 거예요."

호텔 라운지로 자리를 옮긴 뒤 나는 조심스럽게 그동안 내가 써온 Having 노트를 건넸다. 그녀가 내 노트를 살펴보기 시작하자 숙제 검사를 받는 아이가 된 것처럼 살짝 긴장이 되었다. 다행히 내 글을 본 서윤은 따뜻한 미소를 보여주었다.

"홍 기자님의 센스가 느껴져서 재미있네요. 처음 쓰셨다는 것을 감안하면 정말 잘 쓰셨어요. 한 가지 말씀드리자면, '나는 가지고 있다 I have'를 쓸 때 내용이 구체적일수록 좋아요. 예를 들어 '맛있는 저녁을 먹었다'보다 '맛있는 등심 스테이크를 아스파라거스와 함께 먹었다'가 더 좋죠."

조언을 듣고 바로 그 자리에서 노트를 고쳐 써보았다.

"무슨 말씀이신지 알 것 같아요. 말씀하신 대로 쓰니깐 행복한 느낌이 더 생생해지네요. 고소한 스테이크의 풍미와 아삭한 아스파라거스의 질감이 선명하게 느껴져요."

노트를 보여주고 난 뒤 나는 그동안 있었던 일들을 자세히 말했다. 경품에 당첨된 것과 행운이 가득했던 발리 여행까지.

"제 일상에 이런 행운이 오다니, 믿을 수가 없었어요. 행운은 벼락을 맞듯 우연히 찾아오는 거라고 생각했지요. 극소수만 행운을 누리고 부자가 되는 줄 알았어요."

내 말을 듣던 서윤이 눈을 반짝이며 질문을 던졌다.

"홍 기자님, 행운이 뭘까요?"

"글쎄요, 가만히 있는데 공돈이 생기거나 로또에 당첨되는 것 아닐까요?"

그녀가 미소를 띤 채 아니라는 듯 고개를 저었다.

"행운은 효율성과 상통하는 개념이에요. 노력에 비해 쉽고 빠르게 원하는 걸 얻는 거죠."

고개를 끄덕이며 서윤의 말을 곱씹었다. 서윤의 말에 의하면 행운은 하늘에서 무언가 갑자기 뚝 떨어지는 게 아니었다. 같은 노력을 해도 남들보다 좀 더 쉽고 빠르게 목적지에 도달하는 것이었다. 울퉁불퉁한 흙길 대신 잘 닦인 고속도로 위를 달리는 것과 비슷했다.

고등학교 시절, 시험에서 비슷한 경험을 한 것이 떠올랐다. 내가 공부한 부분에서 문제가 집중적으로 출제된 것이다. 특히 시험이 시작되기 직전에 읽은 곳에서 가장 어려운 논술 문제가 나왔다. 시험이 끝나고 친구들은 문제가 어려웠다고 불평했지만 나는 여유롭게 웃을 수 있었다. 그리고 평생 가장 높은 점수를 받았다. 서윤의 말을 듣고 생각해보니 그것이 바로 행운이었다. 똑같은 시간을 공부해도 더 좋은 점수를 받는 것 말이다.

"제가 잘못 생각했나 봐요. 노력하지 않아도 하늘에서 돈 주머니가 떨어지는 것이 행운인 줄로만 알았어요."

서윤이 마시던 커피잔을 내려놓고 차분하게 일러주었다.

"행운은 우리의 노력에 곱셈이 되는 것이지 덧셈이 되는 것은 아니에요."

"네? 무슨 말씀이신지요?"

"행운이 덧셈으로 온다면 노력이 '0'이어도 행운이 올 수 있겠죠."

"아, 그렇겠네요. '0+행운=행운'이 되겠어요."

"하지만 행운의 법칙은 그렇지 않아요. 행운은 곱하기죠. 내 노력이 0이면 거기에 아무리 행운을 곱해도 결과는 0이에요. 아무것도 얻을 수 없다는 말이에요."

"이제 알 것 같아요. 노력한 것을 몇 배로 돌려받는 것이 행운이란 말씀이시군요. 그 결과에 감사하고, 그 마음으로 계속 노력해서 더 커다란 성과를 얻고…, 그렇게 선순환을 이루는 거군요!"

그녀가 고개를 끄덕인 뒤 단호한 표정으로 말했다.

"공짜를 원하는 사람이 부자가 되는 일은 없답니다. 30년 동안 수많은 상담과 사례 분석을 해봤지만 그런 경우는 한 번도 못 봤어요."

용장勇將은 지장智將을 이기지 못하고, 지장은 덕장德將을 이기지 못하며, 덕장은 복장福將을 이기지 못한다.

―《손자병법》

GURU'S QUOTES

"행운은 효율성과 상통하는 개념이에요. 노력에 비해 쉽고 빠르게 원하는 걸 얻는 거죠."

"행운은 우리의 노력에 곱셈이 되는 것이지 덧셈이 되는 것은 아니에요."

"노력이 0이면 거기에 아무리 행운을 곱해도 결과는 0이에요. 아무것도 얻을 수 없다는 말이에요."

행운의 사나이

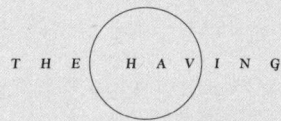

 호주의 쇼트트랙 선수 스티븐 브래드버리는 동계올림픽 역사상 가장 운 좋은 선수 중 하나로 꼽힌다. 그가 2002년 솔트레이크시티 동계올림픽에 출전했을 당시만 해도 많은 주목을 받던 선수는 아니었다. 남자 쇼트트랙 1,000m 결승전에 출전했을 때, 그는 선두 그룹에 반 바퀴 정도 뒤처진 상태였다. 그런데 유력 우승 후보들이 한꺼번에 뒤엉켜 넘어지면서 멀리 떨어져 꼴찌로 달리던 그가 그 모두를 제치고 1위로 결승점을 통과했다. 후일 '행운의 역설'로 불리게 된 승리였다.
 브래드버리가 행운을 만난 것은 결승뿐만이 아니었다. 2차전에서도 먼저 들어온 선수가 실격 판정을 받는 바람에 다음 라운드에 진출했다. 준결승에서는 앞서던 선수 세 명이 모두

넘어져버렸다. 덕분에 그는 어부지리로 결승에 올라가게 된 것이었다.

하지만 행운의 주인공이 되기까지 그는 험난한 준비 과정을 거쳐야 했다. 12년 동안 하루도 쉬지 않고 매일 다섯 시간씩 주 6회 훈련을 해왔다. 게다가 이전에 출전한 올림픽들은 불운의 연속이었다. 주목받던 1994년에는 1,000m 경기 예선에서 탈락했고, 1998년 대회에서는 올림픽을 이틀 남기고 식중독에 걸렸다. 2000년에는 목뼈에 심각한 부상을 당해 은퇴를 고민하기까지 했다.

올림픽이 끝난 뒤 브래드버리는 언론과의 인터뷰에서 이렇게 말했다.

"운이 좋았던 것은 사실이다. 결승전이 시작된 지 1분 30초가 될 때까지도 내가 메달을 딸 거라고는 상상도 하지 못했다. 하지만 행운을 얻는 그 자리에 오기까지 내가 꾸준히 노력했다는 사실도 알아주기 바란다. 이 금메달은 10년 동안 포기하지 않고 달려온 나 자신에게 주는 보상이다."

29

운의 흐름을 탄 사람들

※

행운에 대한 설명을 듣고 있으니 씁쓸한 기억 하나가 떠올랐다. Having을 알기 전, 노트북을 사기 위해 전자제품 매장에 간 적이 있었다. 물건을 고르고 있는데 매장 직원이 다가와 이렇게 말했다.

"신용카드를 만드시면 노트북 가격에서 15만 원을 빼드려요. 신청서 몇 장만 쓰시면 돼요."

할인이라고? 그 단어 하나에 귀가 팔랑거렸다. '15만 원씩이나? 100만 원 넘게 쓰게 될 생각에 기분이 별로였는데… 마침 잘됐다!'

하지만 그때만 해도 내 앞에 기나긴 고난의 행군이 기다리고 있을 줄은 상상도 못했다. 먼저 신청서를 빠짐없이 작성하고 서명을 몇 차례 반복하는 데 10분이 걸렸다. 다음에는 신용카드 회사에 전화를 걸어 상담원의 질문에 대답하는 일로 20분을 썼다. 그리고 매장에서 할 일 없이 30분을 기다린 끝에 나는 다음과 같은 전화를 받을 수 있었다.

"고객님, 신용 정보가 조회되지 않습니다. 건강보험기관에 전화해서 의료보험 증명서를 요청하셔야 해요."

슬슬 짜증이 밀려왔다. '하라는 것이 왜 이리 많아? 벌써 한 시간이나 지났는데…. 할인 한 번 받으려고 이렇게까지 해야 하나?' 그렇다고 이제 와서 포기할 수도 없었다. 기다린 시간이 너무나 아까웠기 때문이다. 그래서 건강보험기관에 전화를 걸고 서류를 요청하는 데 또 한참의 시간을 썼다.

매장 직원의 솔깃한 제안을 들은 뒤 한 시간 30분이 흘렀고, 결국 나는 어이없는 통보를 받았다.

"아직도 승인이 나지 않았어요. 추가 서류가 더 필요해서 오늘은 카드 발급이 힘들겠습니다."

그 말을 듣는 순간 나는 폭발하고 말았다.

"이제까지 실컷 기다리게 해놓고 무슨 소리예요? 지금 저를 무시하는 거예요?"

이제 와서 정가를 다 주고 살 수도 없는 노릇이었다. 시간만 낭비하고 정작 필요한 노트북은 사지도 못하다니… 비참한 기분이었다. 빈손으로 매장을 나오는 데 온 세상이 나에게 이렇게 말하는 듯했다.

"넌 시간을 낭비해도 돼. 돈이 없잖아? 15만 원을 할인받고 싶다면 이 정도는 당연히 기다려야지."

씁쓸했던 그 경험을 털어놓으며 서윤의 생각을 물어보았다.

"그때 제가 어떻게 해야 했을까요?"

서윤이 흑갈색 머리카락을 귀 뒤로 살짝 넘겼다. 그 손길을 따라 진주 귀걸이가 모습을 드러냈다.

"마지막 느낌에 답이 있네요. 홍 기자님은 스스로에게 한 시간 반 내내 '나는 지금 돈이 없다'를 입력하고 계셨던 셈이에요."

그 말에 자동적으로 고개가 끄덕여졌다.

"제가 잘못 생각했네요. 할인 한 번 받겠다고 제 자신에게 '없음'을 입력한 셈이네요. 물론 15만 원이 적지 않은 액수죠. 하지만 그것 때문에 쓸데없이 부정적인 감정만 키웠나 봐요. 그때 저는 할인 제안을 거부하고 Having 신호등을 썼어야 했어요. 초록불을 확인하고 기분 좋게 샀더라면 더 좋은 기회를 끌어올 수 있었을 거예요."

그때 주문한 애프터눈 티 세트가 나왔다. 3단 트레이에 스콘과 샌드위치, 타르트와 머핀이 올려져 있었다. 크랜베리가 박힌 스콘에서는 갓 구워진 듯 고소한 향기가 풍겼다. 망고와 귤이 가득 올라간 타르트를 보자 입안에 군침이 돌았다. 나는 훈제 연어가 올라간 카나페 하나를 얼른 입에 넣은 뒤 그 맛을 음미해보았다.

"음, 맛있어요!"

서윤은 행복해하는 내 표정을 보고 흐뭇한 미소를 지은 뒤 설명을 계속 이어갔다.

"행운에 대해 조금 더 알아보죠. 여기 올림픽 펜싱 결승전에 두 선수가 출전했어요. 한 선수는 세계 30위였다가 최근 10위까지 올라왔죠. 한때 세계 3위였던 상대 선수는 지금 하락세에 있다고 해요. 이 두 사람이 맞붙으면 누가 이길 가능성이 높을까요?"

당시 TV에서는 브라질 리우 올림픽이 한창이었다. 서윤의 말을 들으니 며칠 전 열린 펜싱 결승전이 떠올랐다. 세계 21위인 한국 선수가 3위를 기록하던 헝가리 선수를 꺾은 경기였다. 10대 14로 뒤지던 한국 선수가 순식간에 5점을 따내며 15대 14로 게임을 뒤집은 것이다.

언론 보도에 따르면 금메달을 딴 선수는 부상 탓에 1년 가까이 연습을 중단해야 했다. 그가 부상에서 회복한 것은 올림픽이 6개월 남은 시점이었다. 그때부터 집중적으로 실력을 상승시킨 결과 그 선수는 자신의 순위를 빠르게 끌어올릴 수 있었다. 그 이야기를 떠올리며 나는 이렇게 답했다.

"올라오는 기세란 것이 있지 않을까요? 그걸 감안하면 순위가 낮더라도 상승세에 있는 선수가 유리할 것 같아요. 올림픽을 보면 그런 선수들이 이변을 일으키더라고요."

"맞아요, 기세! 행운은 움직이는 것이고, 그 움직임에는 일정한 흐름이 있죠. 그 흐름을 타고 가는 사람이 행운아예요. 올림픽에 출전하는 선수들이면 누구든 열심히 하겠지만 그것이 전부는 아니에요. '상승세'라는 말에서 보이듯 운의 흐름을 탄 선수가 훨씬 유리하거든요. 뒤처져 있었더라도 이 흐름을 잘 이용하면 충분히 역전이 가능해요. 운의 흐름을 탄 사람들은 물이 흘러가는 방향으로 노를 젓는 셈이니 노력에 비해 몇 배의 가속이 붙거든요. 부자가 되는 길 역시 마찬가지예요. 운의 흐름을 탄다면 같은 노력을 해도 훨씬 쉽고 그리고 효율적으로 부자가 될 수 있어요."

서윤이 해준 설명을 듣자 소위 성공한 부자들이라 칭하

는 사람들을 인터뷰했던 기억이 떠올랐다. 성공의 비결을 물었을 때 그들은 모두 비슷한 답을 내놓았다.

"남들보다 더 노력했다고 생각하지 않습니다. 그저 운이 좋았습니다."

얼마 전 읽은 신문 기사도 비슷한 내용을 담고 있었다. 세계적인 부자들이 '운'을 성공 비결로 꼽았다는 것이다. 삼성그룹의 창업자 이병철 회장은 성공의 3대 요소로 운運, 둔鈍, 근根을 언급했다. 운이 좋고 고지식하며 끈기가 있어야 한다는 뜻이다. 포브스 400대 부호 중 하나이자 석유 재벌 레이 리 헌트는 이렇게 말했다. "만일 운과 지능 중 하나만 골라야 한다면 나는 언제나 운을 택할 것이다." 행동경제학의 창시자 대니얼 카네만도 비슷한 말을 했다. "성공은 재능과 운으로 결정된다."

여기까지 생각하고 나는 조심스럽게 질문을 던졌다.

"제가 만난 부자들도 그랬어요. 그들은 행운의 흐름을 타는 방법을 아는 것 같았죠. 어떻게 하면 저도 그 흐름을 탈 수 있을까요?"

GURU'S QUOTES

"기세! 행운은 움직이는 것이고, 그 움직임에는 일정한 흐름이 있죠. 그 흐름을 타고 가는 사람이 행운아예요."

"운의 흐름을 탄 사람들은 물이 흘러가는 방향으로 노를 젓는 셈이니 노력에 비해 몇 배의 가속이 붙거든요. 부자가 되는 길 역시 마찬가지예요. 운의 흐름을 탄다면 같은 노력을 해도 훨씬 쉽고 그리고 효율적으로 부자가 될 수 있어요."

30

무의식은 알고 있다

늦은 오후로 접어들면서 햇살은 짙은 오렌지빛으로 변해갔다.

"행운은 특별한 사람에게만 주어지는 것이 아니라 누구나 가질 수 있는 거예요. 당연히 홍 기자님도 행운을 끌어올 수 있어요. 자, 지금 숲을 걷다 갈림길을 만났다고 해보죠. 여기서 길이 세 갈래로 갈라지게 돼요. 그중 하나는 부자가 되는 길, 하나는 지금과 비슷하게 사는 길, 마지막 하나는 가난해지는 길이라고 할게요. 다만 수풀이 울창하게 우거져 어느 길이 어디로 향하는지 알 수가 없어요."

따뜻한 빛을 감싸 안듯 서윤이 부드럽게 두 손을 펼치고 말했다. 나는 지그시 눈을 감고 상상해보았다. 판타지 영화의 한 장면처럼 내 앞에 가상의 길들이 열려 있는 모습을. 그녀가 말을 이어갔다.

"홍 기자님이 여기서 하나를 선택해야 해요. 부자로 가는 길을 고르려면 어떻게 해야 할까요?"

선택에 앞서 궁금한 것이 있었다.

"한번 길을 선택하면 돌아갈 수는 없는 건가요? 다음 갈림길이 나올 때까지 계속 그 길로만 가야 하는 건지요?"

"네. 그것이 운명의 법칙이에요. 다음 선택의 시기가 올 때까지 자신의 선택에 대해 책임을 져야 하죠."

그러고 보면 인생은 선택의 과정이다. 누구나 여러 갈림길 앞에서 선택을 하며 삶을 이어간다. 나 역시 전공과 직장을 선택했고 결혼할 남자를 택했으며, 회사를 그만두고 유학 길에 올랐다. 그렇다면 이 모든 선택의 과정이 과연 행복한 부자가 되는 길과 맞닿아 있을까? 여기에까지 생각이 이르자 서윤의 질문에 선뜻 어떤 대답도 하기 어려웠다.

"흠… 부자로 가는 길을 어떻게 골라야 할지 감이 오지 않네요. 솔직히 잘 모르겠어요."

"맞아요, 여기서 모르는 것이 오히려 정답이에요. '나는 그 길을 안다'는 사람들이 더 위험해요. 왜냐하면 답은 우

리 내면 깊숙이 숨겨져 있어서 겉으로는 잘 떠오르지 않는 게 맞거든요."

서윤이 잠시 멈추었다가 다시 입을 열었다.

"심리학자 칼 융도 '인간의 생애는 무의식의 자기실현의 역사다. 무의식에 있는 모든 것은 삶의 사건이 되고 밖의 현상으로 나타난다'고 말했어요. 실제로 무의식은 우주의 에너지로 해석해도 될 만큼 우리가 꿈꾸는 모든 것을 이뤄줄 수 있어요."

서윤과 대화를 나누고 돌아온 후 나는 무의식에 대해 더 공부해보았다. 심리학 잡지 〈사이콜로지 투데이Psychology Today〉에 따르면 무의식은 우리의 일상 생활에 영향을 주는 믿음과 두려움, 태도의 원천을 뜻한다. 의식과 무의식을 바다에 떠 있는 빙산에 비유한다면 물 위로 보이는 작은 조각이 의식, 물 아래 감춰져 있는 거대한 부분이 무의식인 셈이다.

심리학자들은 여러 저서를 통해 무의식의 역할과 그 중요성에 대해 강조해왔다. 융은 집단 무의식의 존재를 밝히며, 우리의 무의식이 한 개인이 경험한 것보다 더 많은 것을 알고 있다고 말했다.* 에리히 프롬은 자신의 저서 《잃어버린 언어 The Forgotten Language》에서 꿈을 통해 무의식 깊은 곳에 있는 지혜까지 도달할 수 있다고 설명했다. 20세기의 심리학 대가로 불리는 밀턴 에릭슨도 이렇게 말했다.

"개인들은 무의식 속에 자신이 아는 것보다 훨씬 많은 능력과 자원을 가지고 있다. 불행하게도 이것을 알지 못해 행복하고 만족스러운 삶을 살지 못한다."

내가 제대로 이해하고 있는 건지 확인하고 싶어서 서윤에게 되물었다.

---

* 칼 융이 창시한 분석 심리학의 중심 개념. 개인 무의식 중 인류의 역사와 문화를 통해 공유된 정신적 자료의 저장소를 말한다. 융은 집단 무의식을 인류에게 전해지는 잠재적 의미의 저장고라고 보았으며 개인이 세계를 경험하는 소질 및 경향성이라고 정의했다.

"그렇다면 제 무의식이… 부자가 되는 길을 알고 있다는 뜻인지요?"

"네, 우리의 무의식은 행운을 불러들이는 방법을 알죠. 운의 세계란 비가 온다고 했는데 오지 않을 수도 있는 일기예보와 달라요. 뿌린 대로 거두는 자연의 섭리를 따르죠. 우리는 무의식에 행운의 씨앗을 뿌리고, 때가 되면 한 치의 오차도 없이 그 열매를 수확하게 돼요."

서윤의 말을 듣자 잘 익은 황금빛 곡식을 바라보는 농부처럼 마음이 넉넉하고 뿌듯해졌다. 어디선가 상쾌한 바람이 불어와 내 볼을 어루만지는 듯도 했다. 고개를 들어 앞을 보니 황금빛 물결 한가운데 행운의 여신이 앉아 있었다. 나는 그녀가 들려주는 행운의 비밀이 궁금해 몸을 곧추세우고 바짝 다가앉았다.

GURU'S QUOTES

"우리의 무의식은 행운을 불러들이는 방법을 알죠. 운의 세계란 비가 온다고 했는데 오지 않을 수도 있는 일기예보와 달라요. 뿌린 대로 거두는 자연의 섭리를 따르죠. 우리는 무의식에 행운의 씨앗을 뿌리고, 때가 되면 한 치의 오차도 없이 그 열매를 수확하게 돼요."

31

'있음'을 입력하라

어쩌면 서윤은 파리에서 이미 무의식의 힘에 대해 이야기해준 것일지도 몰랐다. "편안하지 않다"는 마원의 말. 그는 자신의 무의식에 편안함을 입력하고 있었다. 서윤은 그때 이렇게 덧붙였다. 무의식에 스스로 프로그래밍한 대로 삶이 전개된다고. 그것이 진짜 부자가 되는 비밀이라고.

파리에서의 대화가 떠오르자 순간 무릎을 쳤다. 부자들이 행운을 누리는 이유를 알 것 같았기 때문이다.

"아하, 알겠어요! 진짜 부자들은 자신에게 필요한 단어를 무의식에 입력한다고 하셨잖아요. 즉, 그들도 무의식을 활용해 행운의 길을 선택한다는 말씀이시죠?"

서윤은 나를 보고 활짝 웃어 보였다.

"이렇게 단번에 이해하시다니 대단한데요? 맞아요. 부자들은 무의식에 돈이 '있음'을 입력하죠. 우리 뇌는 어떤 명령을 입력받느냐에 따라 그에 맞는 운의 흐름을 선택하게 되거든요."

"아, 그렇다면 행운의 흐름을 고르는 방법도 알 것 같아요. 무의식에 '있음'을 각인시키는 방법, 그것이 바로 Having이고요!"

서윤의 설명을 듣자 문득 잘못된 선택을 했던 기억 하나가 떠올랐다.

MBA 1학년 과정을 마칠 무렵, 나는 여름 방학에 인턴으로 일할 회사를 찾지 못한 상태였다. 지원했던 회사에서 모두 탈락 통보를 받았기 때문이다. 친구들이 하나둘 취업에 성공하자 나는 점점 초조해졌다. '인턴 과정을 거치지 못했으니 일자리를 잡기가 더 힘들 거야. 이러다가 졸업할 때 갈 곳이 없을지도 몰라. 아, 어쩌면 좋지?' 시간이 지날수록 마음이 더 뒤숭숭해졌다. 불안감 때문에 잠을 설치는 날이 늘어났다.

어느 날 이런 생각이 들었다. '박사 과정에 한번 지원해 볼까? 빈손으로 졸업하는 것보다는 낫잖아. 좋은 학교에

붙으면 사람들도 나를 우습게 보지 않을 거야.' 뜬금없이 박사에 지원하려고 하니 준비할 것들이 너무 많았다. 필수 과목을 이수해야 했고 시험도 추가로 치러야 했다. 나는 열 살 어린 학부생들과 함께 미적분 및 실해석학 real analysis 수업을 들었고 도서관에 앉아 GRE(미국 대학원 입학 자격시험) 공부에 매달렸다. 취업을 알아보거나 인터뷰를 준비할 시간은 당연히 없었다.

하지만 몇 달 동안 전력투구한 결과는 참담했다. 지원한 학교에서 모조리 낙방한 것이다. 탈락을 알리는 편지가 올 때마다 나는 전쟁에서 패배한 병사처럼 피폐하고 비참해졌다. 겨우 정신을 차리고 보니 나를 제외한 친구들은 모두 취직이나 창업에 성공한 상태였다. 졸업은 어느새 한 달 앞으로 다가와 있었다.

그리고 내 불안은 현실이 되었다. 나는 빈손으로 졸업식에 참석했다. 졸업을 하고 나는 갈 곳이 없었다. 나를 원하는 곳은 한 군데도 없었다.

그때의 패배감이 떠오르자 저절로 한숨이 나왔다.

"그때 불안감에 휩싸여서 엉뚱한 길을 선택했네요. 잘못된 선택으로 인해 부로 가는 길에서 멀어진 셈이었죠."

서윤은 나를 지그시 응시하며 말없이 고개를 끄덕였다.

내 심정에 충분히 공감한다는 얼굴이었다. 나는 그녀의 눈을 바라보며 진심을 담아 말했다.

"하지만 이제는 행운의 흐름을 타는 법을 알 것 같아요. 앞으로는 과거처럼 잘못된 선택을 할 일이 없겠죠. 좋은 말씀을 해주셔서 너무 감사합니다."

그녀가 따뜻하게 화답했다.

"과거를 정의하는 것은 현재예요. 지금 깨달음을 얻는 데 도움이 되었다면 그 과거는 가치 있는 재산이 된 셈이에요. 게다가 감사함은 더 큰 행운을 불러들이곤 하죠. 행운의 과학은 성공해서 행복하기보다 행복해서 성공하기를 가르치거든요."

GURU'S QUOTES

"부자들은 무의식에 돈이 '있음'을 입력하죠. 우리 뇌는 어떤 명령을 입력받느냐에 따라 그에 맞는 운의 흐름을 선택하게 되거든요."

"과거를 정의하는 것은 현재예요. 지금 깨달음을 얻는 데 도움이 되었다면 그 과거는 가치 있는 재산이 된 셈이에요. 게다가 감사함은 더 큰 행운을 불러들이곤 하죠. 행운의 과학은 성공해서 행복하기보다 행복해서 성공하기를 가르치거든요."

Having으로 운명의 상대를 만나다

"선생님, 저는 결혼할 사람을 만나고 싶어요. 지금까지 만난 남자들은 모두 형편이 어려운 사람들이었어요. 빚이 있거나, 직업이 없는 사람들이 대부분이었지요. 솔직히 말씀드리자면 앞으로는 경제적으로 여유 있는 남자를 만나고 싶습니다."

삼십 대 중반의 미혼 여성이 서윤을 찾아와 조언을 구했다. 명문대를 졸업하고 제약 회사에서 매니저로 일하는 그녀에게는 말 못할 사정이 있었다. 풍족한 가정 환경에서 성장했으나 대학 시절 집안이 급격하게 어려워지면서 동생들의 학비와 생활비까지 벌어야 했던 것이다.

그녀를 보고 서윤이 따뜻하게 말했다.

"금전에 대한 절박함이 같은 주파수를 가지고 있는 사람을 끌어당기는 듯하네요. 우선 돈의 즐거움과 유익함에 초점을 맞추어보면 어떨까요? 앞으로 1년 안에 좋은 인연을 만날 수 있을 겁니다."

서윤의 말을 듣고 돌아간 그녀는 그날부터 Having을 실천했다. Having 신호등을 사용하고 노트를 써 내려갈수록 '있음'의 감정을 느끼는 것도 점차 익숙해졌다. 그렇게 몇 주가 지난 뒤, Having 노트 쓰기를 막 끝낸 그녀가 인터넷을 훑어보고 있을 때였다. 여행 작가가 쓴 지중해 여행기가 우연히 눈에 들어왔다.

'그래, 이거야. 지중해로 여행을 떠나고 싶어. 지금까지 나는 언제 쓸지도 모르는 적금을 부으며 살아왔어. 하지만 앞으로는 돈이 주는 즐거움을 누리며 살겠어.'

Having 신호등으로 확신을 얻은 그녀는 펀드를 해약하고 그 돈으로 크루즈 여행을 떠났다. 꿈 같은 여행이 막바지에 다다를 무렵, 지중해의 카페에 앉아 Having 노트를 적고 있는 그녀에게 누군가 말을 걸어왔다.

"실례가 안 된다면 잠깐 합석해도 될까요?"

고개를 들자 서글서글한 느낌의 동양계 미국인이 서 있었다. 대화를 나누다 보니 둘 사이에는 공통점이 많았다. 가난한 이민자 가정에서 자란 그 역시 자신의 힘으로 사업을 성공시켜 집안을 일으킨 사람이었다. 두 사람의 대화는 진지한 만남으로 이어졌다.

이듬해, 그녀는 그와 결혼해 미국으로 떠났다. 이후 서윤에게 쓴 편지에서 그녀는 이렇게 말했다.

"귀한 가르침 덕분에 제 마음이 행운을 불러온다는 사실을 알게 되었습니다. 나아가 운명적 인연도 만날 수 있었지요. 지금도 우리 부부는 날마다 Having을 실천하면서 '있음'에 감사하고 있습니다. 남편의 사업도 나날이 번창하고 있지요. 진심으로 감사드립니다."

32

상생 相生

행운의 흐름을 타고 나아갈 생각을 하니 가슴이 설레었다. 이런 나를 보고 흐뭇한 미소를 짓던 서윤이 이렇게 말했다.

"여기서 행운의 비밀을 하나 더 소개할까 해요."

"네, 꼭 듣고 싶어요."

그녀는 나에게 받은 커피를 가리키며 다정하게 말했다.

"오늘 이 커피를 너무 감사하게 받았어요. 여기서 시간을 잠깐 돌려서 이걸 사던 때로 돌아가 볼까요. 그때 어떤 마음이셨어요?"

발리에서 휴가를 보낸 뒤 나는 환희에 젖어 있었다. 만족스러운 여행, 순간순간 놓여진 행운. 이 넘치는 기쁨을 누군가와 나누고 싶었다. 그때 가장 먼저 떠오른 사람이 서윤이었다. 나를 행운의 길로 이끌어준, 소중한 나의 귀인 말이다.

"선물을 사는 순간, 저를 위해 돈을 쓸 때보다 훨씬 더 충만한 행복감이 느껴졌어요. 말 그대로 완벽한 Having이었죠."

"바로, 그거예요. Having의 가장 높은 단계인 '상생(相生, 음양오행에서 서로 도움을 주며 조화를 이루는 것을 일컫는 말)'이에요."

"네? 상생이요?"

"네, Having의 파워를 가장 확실하게 증폭시키는 방법이죠. '있음'에 대한 기쁨과 감사함이 나를 채우고 넘쳐서 상생의 마음이 되는 거예요. 좋은 인연에 투자하고 가진 것을 나누는 것처럼 '있음'을 확실하게 새기는 방법도 없거든요. 그리고 그 마음이 결국 자신에게 더 큰 부로 돌아오게 되죠. 다시 말하면 상생은 자신의 부에 대한 가장 확실한 투자예요."

"상생이라는 말이 좀 낯설게 들리네요. 보통은 '나눔'이라고 하는 것 같아서요."

서윤은 천천히 고개를 저었다.

"나눔이란 한 방향으로만 가는 일방통행과 같은 느낌이에요. 그것은 또 서양의 '윈윈win-win'과도 달라요. '윈윈'은 철저하게 '주고 받는 것give and take'으로 내가 상대에게 이익을 주면 상대방도 그에 상응하는 대가를 돌려준다는 개념이에요. 주는 만큼 받는다는 뜻이니 나눔의 방향과 크기가 이미 정해져 있는 거죠. 하지만 상생은 꼭 그만큼 보답을 받겠다는 뜻이 아니에요."

"아, 무슨 말씀이신지 조금 알겠어요."

"상생이란 내가 먼저 베풀면 우주의 에너지가 돌고 돌아 나에게 더 큰 행운으로 돌아온다는 의미예요. 목木, 화火, 토土, 금金, 수水로 이루어진 오행五行 개념을 생각해보면 이해가 쉬우실 거예요. 나무가 불의 땔감이 되어주면 불이 흙에 온기를 주고, 흙은 땅속에서 딱딱한 바위를 만들면 그 바위 사이에서 물이 나오게 되죠. 그리고 물이 다시 한 바퀴 돌아 나무를 키워주고요. 이것이 자연의 섭리죠."

그 말을 들으며 잠시 상상해보았다. 내가 나눈 에너지가 눈덩이처럼 불어나 나에게 커다란 풍요를 끌어오는 모습을. 작은 상생이 모여 나를 부자로 만들어준다고 생각하니 마음이 저절로 뿌듯해졌다.

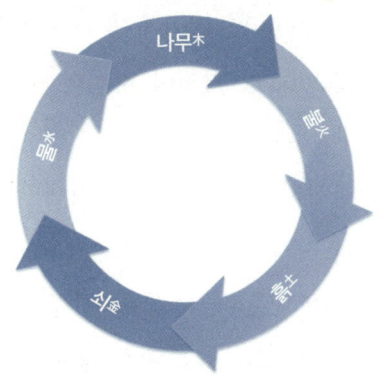

상생에 관한 설명을 들으니 생각나는 슈퍼리치 두 명이 있었다. 바로 빌 게이츠와 워런 버핏이었다.

1991년, 게이츠는 어머니의 소개로 버핏을 처음 만났다. 운명적인 그 만남에 대해 게이츠는 이렇게 회상했다.

"사실 그 자리에 가고 싶지 않았다. 그래서 두 시간 안에 회사로 복귀하겠다는 조건을 내걸었다. 하지만 워런 버핏과 만나자마자 우리는 시간 가는 줄 모르고 대화에 빠져들었다."•

사실 게이츠가 기부에 눈을 뜬 것은 버핏의 영향이었다.

• '25 years of learning and laughter', 2016.07.05., www.gatesnotes.com

그가 건네준 빈곤 문제 보고서를 읽은 것이 생각의 큰 전환점이 된 것이다. 2000년 게이츠가 자신의 이름을 따서 재단을 설립하자 2006년 버핏이 자신의 주식 중 85%를 게이츠 재단에 내놓겠다고 선언했다.

한편 그들은 자신의 돈을 기부하는 것에만 머무르지 않았다. 2010년부터 시작한 '기빙 플레지(Giving Pledge, 재산의 절반 이상을 사회에 기부하자는 운동)'를 통해 다른 부자들의 참여도 독려한 것이다. 게이츠가 재산의 95%, 버핏이 99%를 내놓겠다고 하자 100명이 넘는 억만장자가 그들의 기부 운동에 동참했다. 그렇게 약정된 기부금이 모두 5천억 달러. 두 사람이 보여준 상생에 많은 사람들이 긍정적인 영향을 받은 셈이었다.

여기까지 생각하고 추가로 검색을 해본 뒤 나는 놀라지 않을 수 없었다. 상생을 한 이후 두 부자의 재산이 두 배 가까이 늘어났기 때문이다. 경제 전문지 〈포브스〉에 따르면 게이츠의 재산은 500억 달러(2006년)에서 965억 달러(2018년)로 증가했고, 같은 기간 버핏의 부富도 420억 달러에서 825억 달러로 크게 뛰었다. 서윤이 말한 대로였다. 상생이 그들에게 더 큰 행운을 불러온 것이다.

"게이츠와 버핏도 상생을 통해 Having의 파워를 증폭시킨 거군요. 서로에게 선한 영향력을 미치며 세상과 에너지를 나눈 결과가… 어마어마하네요!"

한편으로는 좀 걱정되는 부분도 있었다. 나는 살며시 물어보았다.

"그렇다면 저도 억만장자들처럼 기부해야 하는 걸까요? 저같이 평범한 사람에게는 조금 멀게 느껴져서요."

"그 방법이나 대상이 꼭 기부를 뜻하는 것은 아니에요. 주변 사람이나 귀인이 그 대상이 될 수 있겠죠. 다만 내 재운에 투자하는 것이기 때문에 신중하게 행동하는 것이 좋아요. 엉뚱한 사람을 보고 투자하면 안 되겠죠. 간단한 방법이 있다면 Having 신호등을 따라가는 것이에요."

"네, 누구한테 투자할지가 중요하다는 말씀이시군요."

서윤이 부드럽게 고개를 끄덕인 뒤 힘주어 말했다.

"네, 상생이라는 달디단 열매를 맛보기 위해서는 제대로 된 씨앗을 뿌려야 하죠."

행운의 여신

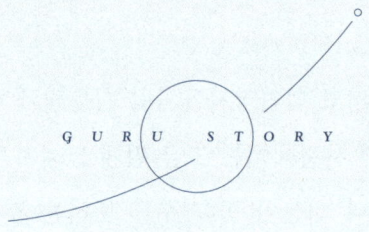

사람들은 운이 변하기 직전 구루와 만나게 된다. 기적 같은 행운이 다가오거나 중대한 위기가 코앞에 닥쳐온 그 순간, 서윤과의 운명적인 조우가 이루어지는 것이다. 운의 갈림길에 놓인 사람들은 서윤 덕분에 커다란 불운을 피할 수 있었다. '행운의 여신', '마음가짐의 대가', '인사이트 퀸'…. 서윤을 만난 이들이 그녀의 통찰력에 찬사를 아끼지 않는 것도 당연한 일이었다.

그러나 서른을 앞둔 서윤은 스스로를 향해 질문을 던지고 있었다. 그것은 자신의 조언이 불러온 나비 효과에 대한 질문이었다. 서윤이 이끌어준 덕분에 누군가 경쟁에서 승리했다면 그 결과로 패배한 사람들은 어떻게 해야 하나. 그녀에게 자문을 받고 구조조정을 실행한 회사가 있다면 그곳에서 해고된 사람들은 어떻게 살아야 할까. 나비의 날갯짓이 커다란 태풍을 불러오듯 서윤의 존재 또한 많은 사람들의 삶에 직간접적인 영향을 미치고 있었다. 무거운 책임감을 느끼지 않을 수 없는 문제였다.

마음속 고뇌가 깊어지면서 건강에도 이상이 생기기 시작했다. 원인을 알 수 없는 증상들이 나타난 것이다. 강연을 하다가 정신을 잃은 적도, 몸을 가누기 힘들 정도로 기력이 떨어졌던 때도 있었다. 병원에서 검사를 해봐도 특별한 병은 발견되지 않았다.

역설적인 것은 몸도 마음도 힘든 시간을 보내는 동안 서윤의 내공은 나날이 깊어졌다는 사실이다. 이 시대가 어디에서 와서 어디로 흘러가는지, 또 그 흐름 속에서 우리는 어떻게 살아야 하는지… 이 모든 문제에 대해 보다 심오한 통찰을 하게 되었다. 이런 깨달음은 배움으로 얻어지는 것이 아니었다. 문을 열고 다른 방에 들어가듯 어느 순간 저절로 알게 되는 것이었다.

성찰의 시기를 보내던 그녀에게 힘이 되었던 말이 있었다. 그것은 십 대 시절에 만났던 한 스승의 조언이었다.

"세상에서 가장 귀한 일은 사람을 알아보고, 믿고, 그에게 투자하는 것이다."

 끊임없이 찾아와 감사의 뜻을 표현하는 사람들도 서윤의 마음을 움직였다. 그중 깊은 인상을 남긴 사십 대 사업가가 있었다. 그는 특정 기간에 해외로 가지 말라는 조언을 듣고 휴가 계획을 모두 취소했던 사람이었다. 예정된 여행지에서 큰 자연재해가 일어났다는 사실을 뉴스에서 접하게 된 그는 서윤을 찾아와 진심 어린 감사를 전했다.

 "정말 감사합니다. 선생님 덕분에 저와 가족들이 큰 사고를 피할 수 있었습니다. 이 은혜를 무엇으로 갚아야 할지 모르겠습니다."

 어느 날 새벽 명상을 끝낸 서윤은 천천히 눈을 떴다.

 "사람들을 부자로 만드는 것이 내 운명이라면 그걸 받아들이겠어. 나를 믿는 사람들이 행운을 누릴 수 있도록 도울 거야."

 그 순간 어떤 직감이 들었다. 자신이 깨달은 부의 비밀이 언젠가 세상에 알려질 거라는 예감이었다. 그리고 몇 년이 지난 뒤 내가 쓴 간곡한 메일이 그녀에게 도달했다.

행운의 길을 걷다

6

33

대나무 숲

교토 외곽의 아라시야마 역에서 기차가 섰다. 일본 귀족들이 휴양지로 머물던 이 작은 도시에서 나는 서윤을 만나기로 했다. 기차에서 내려 역을 나서며 깊게 숨을 들이마셨다. 시원하고 촉촉한 공기가 가슴속을 가득 채웠다. 무심코 하늘을 올려다 보며 혼잣말을 했다.

"비가 오려나…."

우리가 만나기로 한 장소는 영화 〈게이샤의 추억〉에 나온 대나무 숲. 그곳으로 향하는 오래된 목재 다리를 건너다가 나는 잠시 걸음을 멈추고 주위를 둘러보았다. 푸른 나무가 우거진 나지막한 언덕 아래 아담한 일본 집들이 옹

기종기 모여 있었다. 건너편 언덕에서는 짙은 녹음을 담은 듯 시원한 바람이 불어왔다. 그 맑은 바람을 들이마시자 숲의 향기가 온몸에 퍼져가는 듯했다. "아, 시원하다." 숨 쉬는 것만으로도 저절로 Having이 되는 기분이었다.

Having을 처음 할 때는 모든 것이 낯설게만 느껴졌다. 어떤 때는 Having을 깜빡깜빡 잊어버리기도 했다. 하지만 요즘 나는 돈을 쓰지 않아도 자주 '있음'을 느낀다. Having은 이제 숨 쉬듯 자연스럽게 내 생활의 일부로 자리 잡았다.

생각에 잠긴 채 걸음을 옮기다 보니 어느새 약속 장소에 가까워지고 있었다. 저 멀리서 대나무 숲을 고요히 바라보는 서윤이 보였다. 안개 낀 대나무 숲속에서 검정 패턴의 랩 원피스 차림의 서윤은 마치 화폭에 담긴 동양화 같았다.

서윤과 인사를 나누고 얼마 지나지 않아 한두 방울씩 비가 떨어지기 시작했다. 우리는 우산을 받쳐 든 채 숲속으로 난 길을 따라 천천히 걸음을 옮겼다. 반 발짝쯤 앞서 가던 서윤이 문득 걸음을 멈추고 댓잎 위로 떨어지는 빗물을 바라보았다. 후드득거리는 빗소리와 비 오는 대나무 숲, 고요한 침묵…. 운치 있는 그 분위기에 나는 푹 빠져들었다.

"아, 이렇게 빗속을 산책하니까 참 좋네요. 이런 시간에는 저절로 Having이 되는 것 같아요."

내 말에 서윤은 친밀한 미소로 화답했다.

숲에서 완전히 벗어날 때쯤 서서히 비가 잦아들었다. 우리는 나루터에 대기하고 있던 작은 배를 타고 서윤이 머무는 료칸으로 향했다. 배에서 내린 뒤 완만한 언덕길을 올라가자 백 년은 됐음직한 고택이 모습을 드러냈다. 고즈넉한 일본식 정원과 작은 연못을 지나 건물 안 식당에 자리를 잡았다.

창밖으로 보이는 나뭇잎에는 작은 물방울들이 맺혀 있었다. 살랑이는 바람에 물방울들은 나뭇잎과 함께 흔들렸다. 곧 첫 번째 요리가 우리 앞에 놓였다. 겨자 소스를 사용한 가지 요리와 송어롤, 작은 생선 구이, 감자 누들이 대나무 살로 짜인 접시 위에 아기자기하게 놓여 있었다. 나도 모르게 탄성이 나왔다. "우와, 너무 예뻐요! 무엇부터 먹어야 할지 모르겠어요." 서윤이 훈제 송어롤을 집어 드는 것을 보고 나도 같은 것을 골라 입에 넣었다. 고소한 밥알이 그윽한 훈제 향과 어우러졌다. 입안 가득 기분 좋은 만족감이 퍼져갔다.

나는 머릿속에 떠오르는 생각들을 정제해 말해보려 애썼다.

"지난 번에 혼자 있는 시간을 가지라고 하셨잖아요. 그래서 요즘 Having 노트를 쓰면서 조용히 생각을 정리하고 있어요. 그럴 때는 왠지 내면의 목소리가 들리는 것 같기도 하고…."

마지막 말은 자신이 없어서 살짝 얼버무렸다.

요즘 나는 스스로에게 이런 질문을 던지곤 했다. 과연 내가 진정으로 원하는 삶은 무엇일까? 어떻게 해야 내가 원하는 삶을 향해 나아갈 수 있을까? 혼자만의 고요한 시간을 가지며 Having을 하다 보면 때로는 마음속에서 희미한 음성이 들리는 듯도 했다. 하지만 그 내용이 무엇인지는 아직 분명치 않았다.

내 말을 듣고 서윤은 따뜻하게 대답했다.

"평상시 우리의 눈은 세상과 다른 사람을 향해 있죠. 하지만 혼자 있는 시간을 가지게 되면 그 눈을 나 자신에게 돌릴 수 있어요. 그럼으로써 스스로와 소통하는 법을 배우게 되는 거죠."

서윤의 말이 끝나자 단정한 접시에 몇 점의 회가 정갈하게 놓여 나왔다. 나는 한 점을 집어 입에 넣었다. 부드럽고 감칠맛 나는 생선이 입안에서 사르르 녹았다. 그 맛을 음미하며 나는 일본에 오기 전 새롭게 발견하게 된 사실을 떠올렸다.

그날은 카드 청구서를 받은 날이었다. 메일로 전송된 청구서를 열기 전에 나는 눈을 감고 마음을 가다듬고 있었다. '그래, Having을 하면서 즐겁게 돈을 썼으니 카드값이 더 많이 나왔을지도 몰라. 설령 그렇다고 해도 동요하지 말자. 내 감정을 이용해 더 많은 돈을 끌어당기고 있으니 별 문제 없을 거야.'

생각을 정리한 뒤 나는 편안한 마음으로 메일을 클릭했다. 그런데 컴퓨터 화면에 의외의 숫자가 보였다. 지난달보다 청구액이 줄어든 것이다. '어떻게 된 거지? 내 생활은 그대로인데… 왜 카드값이 더 적게 나왔지?' 이전 메일함을 뒤져 Having을 하기 전에 받은 고지서들을 확인해보았다.

'어디 보자… 그때는 10만 원짜리 바지를 충동 구매했었구나. 일 때문에 스트레스 받는다고 홧김에 질렀었지. 30만 원짜리 이 이불 세트는… 아! 홈쇼핑에서 타임 세일하길래 6개월 할부로 샀던 거지. 막상 사고 나니 필요가 없어서 한 번도 쓰지 않았네. 마트에서 마감 세일한다고 20만 원이나 쓴 날도 있었고 말이야. 그날 산 것을 결국 반도 못 먹었는데… Having 신호등을 통해서 보니 전부 다 빨간불이었구나!'

청구서를 비교해본 뒤 나는 깨달았다. Having을 하고 나서 불필요한 지출이 줄어들었다는 것을. 이제 나는 충동구매나 모방 소비로 괴로워할 필요가 없었다. 싸다고 일단 사고 보거나 쓸데없이 낭비하는 일도 줄어들고 있었다. 진정으로 원하는 것에 집중해서일까? 카드 고지서에는 나에게 충만한 기쁨을 주었던 경험들로만 가득했다.

한편 나에게 들어오는 돈은 작은 눈덩이처럼 불어나고 있었다. Having을 하기 전, 내 사전에 '공돈'이란 말은 존재하지 않았다. 단돈 5만 원도 그냥 들어온 적이 없었다. 하지만 최근에는 생각지도 않은 돈들이 턱턱 들어오곤 했다. 때로는 수십만 원, 어떤 때는 수백만 원까지도. 늘 바닥을 드러내던 내 통장은 이제 물이 찰랑거리듯 여유로운 잔고를 유지하고 있다.

여기까지 생각에 이른 나는 감탄하며 말했다.

"사실 Having을 하면 돈을 더 많이 쓰게 될 줄 알았어요. 그런데 제 소비 생활을 돌아보고 놀라운 사실을 알게 되었죠. 나가는 돈은 줄어드는 반면 들어오는 돈은 늘어나고 있더라고요. 너무 신기했어요."

34

악연에 빠지는 이유

⚚

내가 Having 이후 경험한 삶의 작은 변화들에 대해 이야기하고 있을 때쯤, 메인 요리가 나왔다. 지글거리는 와규 스테이크와 자연산 버섯 구이였다. 거기에 찰기 가득한 밥까지 먹고 나자 따뜻한 충족감이 밀려왔다. 식사가 마무리되어갈 무렵, 나는 Having을 하면서 궁금했던 점을 물어보았다.

"Having을 하면서 정체기라고 느낀 적이 있었어요. 2주가 지나도록 이렇다 할 행운이 찾아오지 않았거든요. 좀 당황스러웠지만 불안해하지 않으려고 노력했어요. 대신 그동안 써 놓은 Having 노트를 읽었지요. 노트에 적힌 것들을 읽으며 행운을 만났을 때의 감정을 되새겨보자 곧 불안이 진정되더라고요."

서윤은 조용히 식사를 마치고 대답했다.

"네, 공부에 슬럼프가 찾아오듯 누구에게나 정체기는 찾아오기 마련이에요. 먼저, 기다림의 기간에도 Having을 놓지 않았다는 점을 칭찬해드리고 싶어요. 부정적인 마음을 다스릴 줄 알게 되는 것이 Having으로 얻는 열매 중 하나인데, 많이 발전하셨어요."

이어서 그녀는 기다림에 대한 고전 하나를 해석해주었다.

> 기다릴 때 가장 필요한 것은 믿음과 확신이다. 믿음과 확신이 있다면 그 기다림에 두려움이 없고 끝이 좋을 수밖에 없다.
>
> 때가 왔다는 것은 청하지 않은 세 손님이 오는 것으로 알 수 있다. 그들은 하늘과 땅, 그리고 사람이다. 하늘이 정한 시기와 땅이 베푼 환경이 갖춰지고 나를 도와줄 귀인이 나타나는 순간, 기다림을 마치고 큰 강을 건너 위대한 모험을 실행할 수 있다.
>
> 특히 귀인의 출현은 가장 가시적이고 즉각적으로 타이밍을 알아채는 방법이다. 그러므로 귀인이 나에게 오는 것

을 놓치지 말고, 공경해 맞이하고, 뜻을 받들어 실행하면 언제나 끝도 길할 수밖에 없다.

―《주역》

"기다림의 시기에 한 가지 유의하실 것이 있어요. 바로 악연의 유혹에 주의하셔야 해요."

"네? 악연이라고요?"

찻잔을 든 서윤이 창문 밖으로 시선을 돌리고 잠시 침묵을 지켰다. 그다음 나를 천천히 돌아보고 설명을 이어갔다.

"사람들이 소중한 마음을 귀한 인연에 써야 하는데, 그 마음을 악연에 쏟는다면 불행을 불러오게 되죠. 사람의 행불행은 다른 사람과의 인연에 의해 결정되는 경우가 많아요. 행운이 귀인을 통해 들어오듯 불행도 악연을 통해 찾아오는 일이 많거든요."

그 말을 듣고 보니 기자 시절 출입했던 경찰서 안 풍경이 떠올랐다. 그곳에는 악연 때문에 소송이나 폭력에 휘말린 사람들로 가득했다. 빚보증을 잘못 섰다가 재산을 날린 사람, 사기꾼에게 속아 큰돈을 잃게 된 사람, 상속 문제로 싸움을 벌이다 경찰서에 오게 된 이들까지. 다양한 사람들이 다양한 사연으로 울고 분노하고 고함치고 있었다.

악연 때문에 고생했던 후배 하나도 떠올랐다. 몇 년 전 모임에서 봤을 때 그는 새로 사귄 여자친구와 함께였다. 몇 달 전 주식으로 큰돈을 잃은 경험이 있던 후배는 그 스트레스와 상실감을 잊기 위해서인지 연애에 몰입하는 듯 보였다. 그리고 몇 달 후 나는 놀라운 소식을 듣게 되었다. 그녀가 후배에게 수천만 원을 빌린 뒤 갑자기 사라졌다는 것이다. 심지어 그녀는 후배의 친구들에게도 접근해 이런저런 핑계를 대며 몇백만 원씩 뜯어간 상태였다. 후배의 입장에서는 돈은 물론 친구까지 잃게 된 사건이었다.

그 이야기를 떠올리자 악연이 얼마나 무서운지 실감할 수 있었다. 나는 몸서리치며 말했다.

"생각만 해도 끔찍하네요. 그런데 왜 하필 기다림의 시간에 악연에 취약해지는 걸까요?"

안타깝다는 표정을 지으며 서윤이 대답했다.

"악연은 악마의 키스와도 같아서 사람의 마음 중 약한 부분을 파고들어요. 대부분의 악연들이 처음에는 무척 달콤하게 느껴지죠. 마치 입에서만 달고 몸에 나쁜 음식처럼요. 그래서 마음이 흔들리고 있을 때라면 악연에 굴복하기 더 쉬워요."

"그럼, 악연의 함정에 빠지지 않기 위해서는 어떻게 하는 것이 좋을까요?"

"사람들이 악연에 쉽게 빠지게 되는 이유는 과도한 기대 때문이에요. 상대에게 받기만을 바라는 마음이 자신의 눈을 멀게 하죠. 반면 '먼저 준다', '받은 것보다 더 많이 돌려준다'는 마음이라면 악연을 피하고 좋은 인연을 만날 수 있어요."

그 말을 듣는 찰나, 최근에 있었던 일이 생각났다. 한동안 연락이 없던 친구가 전화를 걸어와 갑자기 돈을 빌려달라고 했던 것이다. 솔직히 별로 내키지 않았다. 오랜만에 연락해놓고 다짜고짜 돈 이야기라니…. 하지만 그렇다고 거절하기도 힘들었다. 매정해 보이는 것도 싫었고 친구들 사이에서 내 평판이 나빠지는 것도 마음에 걸렸다.

그렇게 돈을 빌려준 뒤 몇 달이 지났다. 아직까지도 그 친구에게는 아무런 소식이 없다. 찜찜했던 그 일을 생각하며 내가 조심스럽게 물었다.

"만약에 주위에 이미 악연이 있다면요…?"

서윤이 차분하지만 단호한 어조로 말했다.

"악연을 끊어야죠."

지나고 보면 악연에 얽매인 사람들은 대부분 무기력해 보였다. 나쁜 인연인 걸 알면서도 그것을 어떻게 하지 못하는 경우가 많았다. 하지만 서윤의 말을 통해 다음과 같은 지혜를 얻을 수 있었다. 우리에게는 악연에서 벗어날 수 있는 내면의 힘이 있다고. 귀인을 믿고 따르면서 자신 안에 있는 그 힘을 키워나가면 된다고. 나는 속으로 조용히 되뇌었다.

'그러고 보면 저는 엄청난 행운아네요. 이렇게 귀인을 만났으니 저의 기다림의 시간도 곧 끝나겠지요.'

GURU'S QUOTES

"사람들이 소중한 마음을 귀한 인연에 써야 하는데, 그 마음을 악연에 쏟는다면 불행을 불러오게 되죠. 사람의 행불행은 다른 사람과의 인연에 의해 결정되는 경우가 많아요. 행운이 귀인을 통해 들어오듯 불행도 악연을 통해 찾아오는 일이 많거든요."

"사람들이 악연에 쉽게 빠지게 되는 이유는 과도한 기대 때문이에요. 상대에게 받기만을 바라는 마음이 자신의 눈을 멀게 하죠. 반면 '먼저 준다', '받은 것보다 더 많이 돌려준다'는 마음이라면 악연을 피하고 좋은 인연을 만날 수 있어요."

꿈이 클수록 기다림도 길다

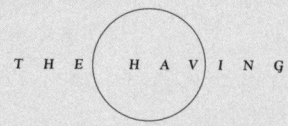

"조만간 부사장으로 승진할 수 있을 것 같습니다. 어떻게 처신하면 좋을까요?"

글로벌 전자 기업의 임원 한 명이 서윤을 찾아와 자문을 구했다. 신중한 언행과 완벽한 업무 처리로 좋은 평가를 받던 남자는 사내에서 차세대 리더로 거론되는 사람이었다. 승진 기회를 앞두고 조금 흥분한 기색이 역력한 그에게 서윤은 자상하게 조언을 건넸다.

"사양하는 태도를 취하는 것이 좋겠습니다. 지금은 위아래 인맥을 잘 정리하는 등 그릇을 단단하게 할 때입니다. 그릇을 채울 때가 아니지요. 이번 제안을 받아들인다면 오히려 추락할 일이 생길 수 있어요."

그녀는 또 이렇게 덧붙였다.

"여기서 기다리는 것은 감나무 아래 누워 감이 떨어지기를 기다리는 소극적 게으름과 달라요. Having을 하면서 자신에게 투자하는 적극적인 기다림입니다. 기억하세요. 꿈이 클수록 기다림도 길어질 수 있어요. Having을 통해 그때를 준비하는 사람만이 반드시 가장 큰 과실을 딸 수 있답니다."

그는 서윤의 조언대로 승진 제안을 사양했다. 그 대신 부사장 자리에 오른 사람은 그의 경쟁자였다. 사람들은 그의 의외의 행보에 놀라 수군댔으나 남자는 개의치 않았다. 오히려 Having에 전념하고 자신만의 시간을 더 가지며 스스로를 가다듬었다.

아니나 다를까, 얼마 지나지 않아 경쟁자였던 부사장은 큰 송사에 휘말리게 되었다. 전임자의 잘못이 뒤늦게 불거진 탓이었다. 설상가상으로 소송 때문에 회사의 주가가 떨어졌고 매출 실적까지 하향곡선을 그렸다. 결국 경쟁자는 모든 것을 내려놓고 자리에서 물러나야만 했다.

그리고 3년 후, 서윤에게 조언을 들었던 그 임원이 CEO의 자리에 올랐다. 구루의 말을 믿고 때를 기다린 끝에 불운을 피하고 더 좋은 기회를 잡을 수 있었던 것이다.

35
토성 리턴

반쯤 열린 미닫이문 밖으로 맑은 시냇물과 초록빛 나무들이 보였다. 식사를 마친 우리는 다다미방에 앉아 녹차를 즐기고 있었다. 맑고 청량한 숲 내음, 지저귀는 새소리, 그윽한 녹차 향기, 나에게 가르침을 주는 스승. 영화 속 한 장면처럼 모든 것이 완벽하게 조화를 이루는 순간이었다.

고즈넉한 그 정취에 빠진 듯 서윤이 창밖을 바라보며 시 구절을 읊었다.

마음이 흔들리면 잡다한 사물이 생기지만,
마음이 고요하면 잡다한 사물이 사라진다.

차를 한 모금 마신 뒤 나는 가벼운 화제로 대화를 열었다.

"서른이 되기 직전, 교토에 여행 온 적이 있었지요. 그때는 이곳이 지루하고 답답하게 느껴졌는데 이제는 그렇지 않네요."

서윤이 찻주전자를 기울여 평온하게 차를 따랐다. 연녹색 차가 맑은 소리를 내며 잔으로 떨어졌다.

"서른 직전이면 사람의 인생에서 중요한 교훈을 배우는 시기죠."

나는 편안한 마음으로 그때를 떠올렸다.

"직장에 다닌 지 5년쯤 지난 다음이었어요. 사실 그 전까지만 해도 아끼고 절약하면 노력한 만큼 부가 따라올 거라 믿었어요. 그래서 허리띠 졸라매며 열심히 저축했어요. 그런데 어느 날 갑자기 궁금해지더라고요. 그렇게 20년, 30년을 모으면 얼마나 모을 수 있을지."

차를 한 모금 마시고 말을 이어갔다.

"계산기를 두드려보고 낙담할 수밖에 없었어요. 부자가 되는 것이 불가능해 보였거든요. 꿈이 깨지자 제 앞의 현실을 받아들이기 힘들었어요. 열심히 노력해도 저는 그 자리에 머물거나 남들보다 뒤처질 게 뻔했어요. 한동안 우울에 빠졌고 탈출구를 찾아서 여기까지 왔었어요."

서윤이 고개를 끄덕이며 대답했다.

"그때가 홍 기자님의 토성 리턴 시기였네요."

토성 리턴. 처음 들어보는 단어였다. 그녀는 토성 리턴에 대해 설명해주었다.

우리는 보통 '한 세대'를 30년으로 본다. 자식이 성장해 부모의 역할을 계승하는 기간으로 한 세대를 잡는다 하는데, 이는 토성의 공전 주기인 29.45년에서 유래한 것이다. 서양 점성술에서 말하는 토성 리턴은 토성이 태양을 한 바퀴 돌고 제자리에 돌아오는 기간을 의미한다. 인생에서는 28.5~30세가 이 시기에 해당한다. 점성술에서 토성은 어린 시절의 꿈과 환상에서 깨어나 현실에 대한 자각과 행동에 대한 책임을 가지도록 요구하는 엄격한 행성이다. 즉 토성 리턴은 독립된 운명체로서 부모의 품을 벗어나 진정한 어른으로 다시 태어나야 하는 시기이다.

"토성 리턴은 보통 28~30세와 58~60세, 이렇게 두 번 찾아오죠. 이 시기는 환상과 잘못된 생각에서 깨어나 크게 도약할 수 있는 시기예요. 잘 활용한다면 인생의 퀀텀 점프가 가능하다는 얘기죠. 이 시기에 Having을 통해 내면의 목소리에 집중한다면 그 효과를 극대화할 수 있어요."

서윤이 차분하게 설명을 이어갔다.

"이 시기에 혹독한 시련이 찾아오기도 해요. 그것을 거부하지 말고 겪어내야 해요. 토성의 별명은 '엄격한 스승'입니다. 당근보다 채찍을 써서 배움을 일깨우죠. 그래서 이 시기를 지날 때는 직업적으로 시련을 겪거나, 몸이 아프거나, 가족 구성원에 문제가 발생하는 등 자신을 힘들게 하는 사건들이 펼쳐질 수 있어요."

"아, 교토에 오기 전 저도 토성 리턴 시기를 겪느라 그렇게 괴로웠나 봐요."

그녀가 고개를 끄덕인 뒤 말했다.

"불교에 '줄탁동시啐啄同時'라는 말이 있어요. 알 안에서는 병아리가, 알 밖에서는 어미 닭이 동시에 껍데기를 쪼아서 그걸 깨는 것이죠. 토성 리턴 시기도 마찬가지예요. 껍질을 깨려고 하는 자신의 의지와 이를 깨주려는 우주의 에너지가 만나는 거예요. 이 시기에 겪는 고통은 알 밖으로 나오는 데 도움이 되지요. 껍질을 깨고 진짜 세상으로 나온다면 운을 최대한 활용하며 인생을 바꿀 수 있어요."

서윤을 만나고 돌아온 뒤 토성 리턴을 이용해 큰 도약을 이룬 역사 속 인물들을 찾아보았다. 왕족으로 태어난 석가모니는 29세에 가진 것을 모두 포기하고 궁궐 밖으로 나왔다. 출가한 뒤 6년간의 수행을 거친 그는 보리수나무 아래에서 깨달음을 얻고 부처가 되었다. 앤드루 카네기가 12년 동안 다니던 철도 회사를 퇴직한 나이도 서른 살이었다. 이후 카네기는 제철소와 용광로 회사를 연달아 설립하며 '철강왕'으로 가는 기반을 다졌다. 토머스 에디슨은 29세에 연구소를 세우고 본격적인 발명가의 길을 걸었다. 연구소를 만든 첫 해, 그는 탄소송화기를 만들며 전화기를 실용화하는 데 성공했다.

하지만 서윤과 대화하던 그때는 이런 이야기까지 생각할 여유가 없었다. 토성 리턴 시기를 그냥 지나쳤다는 생각에 그저 울고 싶은 마음이었다. 당시 나는 현실의 벽 앞에서 좌절했을 뿐 아무런 행동도 하지 않았다. 당연히 껍질을 깨고 나오는 일도, 커다란 도약을 하는 일도 없었다.

"어떻게 하지요? 저는 아무것도 하지 않고 토성 리턴을 지나쳤나 봐요. 이제 예순 살이 될 때까지 기다려야 하는 건가요?"

서윤이 다정하지만 강인한 어조로 말했다.

"아니요. 걱정하지 마세요. 토성 리턴 때의 교훈은 지금도 유효해요. 그 의미를 깨닫기만 한다면 껍질을 깨고 날아오를 수 있어요."

따뜻한 그 목소리를 듣자 가슴속에서 태양 같은 희망이

솟아오르는 듯했다. 그래, 10년이나 늦었을지 모른다. 하지만 지금 나는 지금 스승에게 가르침을 받고 있지 않은가? 알 밖에서 서윤이 껍질을 쪼아주고 있다고 생각하니, 천군만마를 얻은 듯 마음이 든든했다. 이제 알을 깨고 날아오를 날도 얼마 남지 않았을 것이다.

GURU'S QUOTES

"토성 리턴은 보통 28~30세와 58~60세, 이렇게 두 번 찾아오죠. 이 시기는 환상과 잘못된 생각에서 깨어나 크게 도약할 수 있는 때예요. 잘 활용한다면 인생의 퀀텀 점프가 가능하다는 얘기죠. 이 시기에 Having을 통해 내면의 목소리에 집중한다면 그 효과를 극대화할 수 있어요."

"불교에 '줄탁동시啐啄同時'란 말이 있어요. 알 안에서는 병아리가, 알 밖에서는 어미 닭이 동시에 껍데기를 쪼아서 그걸 깨는 것이죠."

"토성 리턴 시기에 겪는 고통은 알 밖으로 나오는 데 도움이 되지요. 껍질을 깨고 진짜 세상으로 나온다면 운을 최대한 활용하며 인생을 바꿀 수 있어요."

시련을 기회로

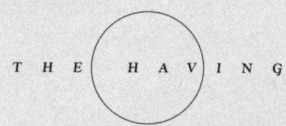

"토성 리턴 시기의 시련을 긍정적으로 이용한다면 당신을 놀라게 할 기적이 일어날 수도 있어요. 좁은 알에 갇힌 병아리와 알을 깨고 넓은 세상에 나온 병아리의 꿈이 같을 리 없겠지요. 이 시기에 변화하는 자신의 미래상과 기대치를 받아들이고 행동으로 옮겨보세요."

서윤은 따뜻하게 당부했다.

미국 대통령을 지낸 빌 클린턴도 토성 리턴 시기에 어려움을 만났다. 예일대를 졸업하고 연방 하원 의원에 도전했지만 단 5천 표 차이로 낙선한 것이다. 당시 그의 나이 28세. 하지만 그는 좌절하지 않았다. 4년이 지난 뒤, 아칸소 주지사 선거에 도전했고 미국 역사상 가장 젊은 나이에 주지사로 당선되었다.

현대그룹의 창업자인 정주영도 비슷한 일을 겪었다. 28세가 되던 해 그가 세운 자동차 수리업체 '아도 서비스'가 일본에게 강제로 합병되었다. 3년 뒤 그가 실패를 딛고 설립한 회사가 '현대 자동차 공업사'와 '현대 토건사'였다. 그리고 이 회사들을 기반으로 현대그룹은 눈부신 성장을 거듭하게 된다.

소프트뱅크의 손정의에게는 세계적인 IT 기업을 만들겠다는 꿈이 있었다. 하지만 회사를 세운 지 얼마 되지 않아 만성 간염을 진단받게 되었다. 의사는 그가 5년 이상 살 수 없다고 했지만 손정의는 포기하지 않았다. 병상에서 책 4천 권을 독파하며 재기의 의지를 다졌다. 그가 건강을 회복하고 회사에 복귀한 나이는 29세. 이후 자신의 꿈대로 '소프트뱅크'를 세계적인 기업으로 키워나갈 수 있었다.

36

고정관념을 깨라

"올해 예순여섯이 되신 어머니가 떠오르네요. 환갑이 지났으니 두 번의 토성 리턴이 다 지나간 셈이잖아요. 어머니처럼 나이가 드신 분들도 Having을 하면 행운을 끌어올 수 있을까요?"

대화를 나누다 보니 문득 어머니가 생각났다. 아버지를 떠나보내고 나서도 자신을 위해 돈을 쓰지 못하는 어머니. 이제 좀 편안하게 사시라고 말하면 늘 이렇게 대답하시곤 했다. "평생을 절약하고 살았는데, 이제 와서 그걸 바꾸기 쉽냐." 나는 혼자 남은 어머니가 행복하기를 바란다. 아버지는 그렇게 가셨으나 어머니는 남은 인생을 마음껏 즐기셨으면 좋겠다. 그리고 나는 안다. 가장 좋은 방법이 바로 Having이란 것을.

내 질문에 서윤은 명쾌하게 답을 주었다.

"너무 늦은 때란 없어요. Having이 가져오는 행운은 나이를 가리지 않아요."

그녀는 잠시 멈추었다 다시 이어 말했다.

"문제는 고정관념이에요. 이십 대여도 고정관념에 붙잡혀 있다면 Having의 효과를 보기 힘들죠. 반대로 칠팔십 대라도 고정관념에서 자유롭다면 언제든 Having을 통해 부자가 될 수 있어요."

전혀 생각지 못한 답이었다. 나이가 아니라 그 사람이 지닌 고정관념이 문제라는 의미였다. 내 고루한 생각을 바꿔놓은 그 통찰력에 감탄이 나왔다.

"아하, 그렇군요! 그럼 고정관념에서 벗어나면 누구든 Having을 통해 부자가 될 수 있는 건가요?"

"네, 고정관념은 자신의 마음을 들여다보는 렌즈를 흐리게 하고, 부자가 되는 길을 막아버리죠."

모든 것이 이해가 되었다. 토성 리턴 시기에 내가 왜 그 자리에 주저앉아 버렸는지.

"그때는 월급을 모아 저축하는 것 외에는 아무런 방법이 없어 보였어요. 그래서 부자가 되지 못할 거라고 미리 포기해버렸죠. 지나고 보니 고정관념에 얽매여 있었던 거네요."

그러고 보면 결정적인 순간마다 내 발목을 잡은 것도 고정관념이었다. 새로운 도전을 앞두고 있거나 부자가 되겠다는 꿈을 꿀 때면 누군가 내 귀에 이렇게 속삭이는 듯했다.

"요즘 같은 불경기에 도전이라고? 말도 안 되는 소리! 신문만 펼쳐도 망하는 사람들 소식으로 가득한데. 세상은 낭떠러지야. 그냥 직장에 다니며 편하게 월급 받는 것이 최고지."

"너같이 평범한 사람이 어떻게 부자가 되겠어? 상속받은 재산이 있거나 엄청난 재능이 있는 것도 아니잖아. 꿈 깨고 얼른 정신 차려!"

여기까지 생각하고 나자 내가 갇혀 있던 고정관념에 대해 조금 더 자세하게 알고 싶었다.

"정보 기술이 발달하고 4차 산업혁명이 가속화되면서 기존의 관념들이 조금씩 깨져가는 것 같아요. 과거에는 의사, 변호사가 되거나 좋은 회사에 취직하는 것이 최고라고들 했잖아요. 그런데 요즘은 그렇지 않더라고요. 창업을 통해 남다른 길을 걷는 사람도 늘어났고요. 유튜버나 크리

에이터 등 새로운 직업을 택한 사람들이 성공하는 경우도 많아졌지요."

서윤이 입가에 미소를 머금은 채 동의한다는 듯 고개를 끄덕였다.

"맞아요. 잘 지적하셨어요. 하지만 쉽게 깨지지 않는 것들도 있죠."

그리고 나를 차분하게 응시하며 질문을 던졌다.

"Having에 있어서 무엇이 가장 중요하다 했지요?"

"확실치는 않지만… 감정… 이라고 하셨던 것 같은데요."

"네, 맞아요. 아직까지 쉽게 깨지지 않는 고정관념이 바로 감정에 얽힌 것들이죠."

그 의미를 곱씹어보고 있는데 그녀가 나에게 질문 하나를 던졌다.

"자, 친구가 남편과 이혼했다고 해보죠. 그 친구에게 뭐라고 하시겠어요?"

"글쎄요. 힘들 테니 먼저 위로해주고…."

"바로 그거예요. 그게 바로 감정에 대한 고정관념이죠."

그녀는 매혹적인 혁명가처럼 내가 오랫동안 믿어온 관념들을 보기 좋게 뒤집었다.

"우리는 좋은 일과 나쁜 일을 다 정해놓고 그에 따른 감정까지 사회적으로 규정해놓죠. 연인이나 배우자와 헤어지는 것, 건강이 안 좋아지는 것, 일이나 사업이 잘 안 되는 것…. 이런 일들이 항상 힘들고 불행한 일일까요?"

잠시 생각해보고 나는 천천히 고개를 저었다.

"꼭 그렇지만도 않더라고요. 유명인들의 성공담을 봐도 꼭 그런 스토리가 나오잖아요. 회사가 망한 뒤 사업을 더 크게 성공시키거나 남편과 이혼한 뒤 세계적인 작가가 된 이야기요."

"수만 명의 사례를 분석해보면 모든 사건은 항상 반전의 기회를 갖고 있어요. 중요한 시기에 주어지는 달콤한 일들이 나중에 독으로 작용하는 경우도 많고, 누가 보아도 불행한 일이 사실은 그 사람을 다시 태어나게 하는 경우도 많죠. 저만 해도 건강이 안 좋아진 시기에 생각지 못했던 깨달음을 얻어 일의 진전을 이루곤 했어요."

"아, 그렇군요. 그러고 보니 남들이 정해놓은 기준이나 잣대가 내 감정까지 정해버린 적이 많았어요."

그녀가 단호하게 말했다.

"홍 기자님, 감정에 대한 고정관념은 과학적 진실이 아니에요. 그것은 사회적 통념일 뿐이죠. 문제는 사람들이 거기에 묶여 있을 때 생겨요. 고정관념은 사람을 특정 감정에 얽매여 이미 닫혀버린 문만 바라보게 만들거든요. 고개만 돌리면 새로운 문이 열려 있는데 그것을 보지 못하게 하죠."

"당신의 시간은 한정되어 있다. 다른 사람의 삶을 사느라 그 시간을 낭비하지 말라. 도그마에 갇혀 살지 마라. 그것은 다른 사람의 생각대로 사는 것일 뿐이다. 남들이 내는 소음이 당신 내면의 목소리를 잠재우지 않게 하라. 중요한 것은 당신의 마음과 직관을 따를 용기를 내는 것이다."
— 스티브 잡스

GURU'S QUOTES

"너무 늦은 때란 없어요. Having이 가져오는 행운은 나이를 가리지 않아요."

"고정관념은 자신의 마음을 들여다보는 렌즈를 흐리게 하고, 부자가 되는 길을 막아버리죠."

"중요한 시기에 주어지는 달콤한 일들이 나중에 독으로 작용하는 경우도 많고, 누가 보아도 불행한 일이 사실은 그 사람을 다시 태어나게 하는 경우도 많죠."

"감정에 대한 고정관념은 과학적 진실이 아니에요. 그것은 사회적 통념일 뿐이죠. 문제는 사람들이 거기에 묶여 있을 때 생겨요. 고정관념은 사람을 특정 감정에 얽매여 이미 닫혀버린 문만 바라보게 만들거든요. 고개만 돌리면 새로운 문이 열려 있는데 그것을 보지 못하게 하죠."

나이가 많아도

1957년, 안도 모모후쿠에게 불운이 닥쳤다. 이사장으로 재직하던 신용조합이 갑자기 도산한 것이다. 당시 그의 나이, 마흔일곱. 가진 것은 집 한 채가 전부였다. 먹고살 길이 막막했지만 그는 자신을 키워준 할아버지의 말을 떠올리며 힘을 냈다.

"아무리 힘들어도 절망하지 말아라. 스스로를 믿고 연구하다 보면 언젠가 부자가 될 것이다."

어느 날 안도는 국수를 먹기 위해 줄을 선 사람들을 보게 되었다. 그때 사업 아이템 하나가 퍼뜩 떠올랐다. 손쉽게 만들 수 있는 국수에 대한 아이디어였다. 음식에 관한 지식도 경험도 없었으나 그는 개의치 않았다. 새로운 면 요리를 개발하겠다는 일념으로 좁은 지하실에 틀어박혀 연구에 매진했다.

이듬해 아내가 튀김을 만드는 것을 보고 안도는 무릎을 쳤다. "그래, 면을 기름에 튀기면 되겠구나!" 그렇게 완성된 것이 오늘날의 인스턴트 라면이다. 라면 개발에 성공했을 때 안도의 나이는 마흔여덟. 평범한 회사원이라면 은퇴 계획을 세울 나이였다.

그의 도전은 환갑이 지난 후에도 계속되었다. 61세가 되던 해, 뜨거운 물을 넣고 조리하는 컵라면을 개발한 것이다. 그리고 그는 97세에 세상을 떠날 때까지 매일 라면을 먹은 것으로도 유명하다. 라면이 몸에 좋지 않다는 고정관념을 깨기 위해서였다.

삼성의 창업자 이병철 회장이 일생일대의 결심을 한 것은 인생의 황혼기를 맞을 무렵이었다. 73세가 되던 1983년, 반도체 사업에 뛰어들겠다고 마음먹은 것이다. 사실 반도체는 엄청난 투자가 필요한 사업이었다. 생산 라인 하나를 세우는 데만도 10억 달러가 넘게 들어갔다. 임원들이 그 계획을 반대한 것도 어찌 보면 당연한 일이었다.

"반도체는 리스크가 높은 사업입니다. 투자 금액이 크고 상품 수명이 짧기 때문입니다. 게다가 우리 회사에는 제대로 된 연구원도 없습니다. 이대로라면 경쟁사를 따라잡는 데 20년이 걸릴지도 모릅니다. 우리가 이 사업을 성공시키기란 거의 불가능합니다."

충분한 검토를 마친 뒤 이병철은 깊은 고민에 빠졌다.

'사업이 잘못되면 회사가 망할지도 몰라. 내 나이 일흔셋, 과연 책임질 수 있을까?'

하지만 그에게는 강한 확신이 있었다. 이병철은 결연한 의지를 다지며 이렇게 말했다. "반도체는 나의 마지막 사업이자 삼성의 대들보가 될 사업이다." 창업자가 혼신의 각오로 매달리자 모든 일이 예상보다 순조롭게 진행됐다. 사업 첫 해, 삼성은 반도체 개발을 완료하고 제품을 수출하는 데 성공했다. 그리고 반도체 사업 덕분에 삼성전자는 세계 최고의 전자 기업으로 성장할 수 있었다.

37

부자가 되기 어려운 세상

"**부**모님 세대와 비교했을 때 지금이 더 부자가 되기 쉬울까요, 아니면 그 반대일까요?"

문득 서윤이 물어보았다. 사실 서윤을 찾아오기 전까지 나는 그 질문에 대한 답을 찾고 있었다. 그 답을 알기 위해 많은 학자나 전문가들을 찾아가 보았으나 뾰족한 해법을 주는 이는 아무도 없었다.

"지금이 더 어려울 것 같아요. 제 부모님만 봐도 그래요. 부모님은 어린 시절 끼니를 굶을 정도로 가난하게 자라셨다고 해요. 결혼할 때도 빚밖에 없었고요. 하지만 경제가 빠르게 성장하던 70, 80년대에 돈을 모아 집을 사고 그것을 더 비싼 값에 팔면서 자산을 불릴 수 있었대요."

최근 읽은 신문 기사를 생각하며 나는 말을 이어갔다.

"그런데 요즘은 시대가 달라졌다고들 하잖아요. 금수저가 아니면 부자가 되기 힘들다고도 하고, 계층 간의 이동이 어려워졌다고도 하고…."

여기서 나는 말을 멈추었다. 서윤이 알려주지 않았던가? Having을 하면 누구나 부자가 될 수 있다고. 그녀는 또 고정관념이 부자가 되는 길을 막는다고도 했다. 그런 귀한 조언을 들어놓고도 남들과 똑같은 답을 하다니…. 그건 안 될 일이었다. 나는 말끝을 얼버무렸다.

"그렇게 생각했는데…, 그렇지만…."

서윤이 괜찮다는 듯 미소를 보였다.

"잠시 생각해보세요. 자신의 힘으로 부자가 된 사람들이 진짜 없는지…."

기자 시절, 취재를 위해 자수성가한 부자들을 만날 기회가 종종 있었다. 그들 중 수억 달러 규모의 회사를 만든 기업가나 수천만 달러의 재산을 일군 청년도 있었다. 하지만 기자라는 직업 때문에 상대적으로 부자들을 만나기 쉬웠던 것은 아니었을까? 나는 찬찬히 더 생각해보았다. 내가 알던 지인들 가운데 커다란 부를 이룬 이가 정말 없는지.

최근에 읽은 기사 하나가 생각났다. 미국의 안경업체 와비 파커Warby Parker에 대한 것이었다. 2010년 와튼 스쿨 대학원생들이 설립한 이 회사는 경쟁사의 3분의 1 가격(95달러)에 안경을 파는 것으로 유명해진 기업이다. 바닥부터 출발했지만 회사는 빠른 속도로 성장했다. 설립 5년 만에 연 100만 개의 안경이 팔려 나갔고 〈패스트 컴퍼니Fast Company〉가 뽑은 '가장 혁신적인 기업(2015년)'에도 선정되었다. 현재 와비 파커의 기업 가치는 17억 달러로 추산되고 있다.

사실 이 회사의 공동 창업자이자 CEO들은 내 MBA 동기생들이다. 심지어 그중 한 명은 1학년 내내 나와 같은 반에서 수업을 들었다. 졸업을 앞두고 그들에게 설문을 전달받은 적도 있었다. 안경을 사는 데 얼마를 쓰는지, 구입 과정에서 불편한 점은 없었는지, 새로운 안경 구매에 얼마를 쓸 의향인지 등에 대한 질문이었다.

한편으로는 신문에서 본 데이터 하나가 떠올랐다. 2016년 피터슨 국제경제연구소Peterson Institute for International Economics가 〈포브스〉 선정 억만장자들을 분석한 자료였다. 이 조사에 따르면 억만장자 가운데 자수성가로 성공한 부자들의 비중이 점점 높아지고 있었다. 1996년에 자수성가형 부자

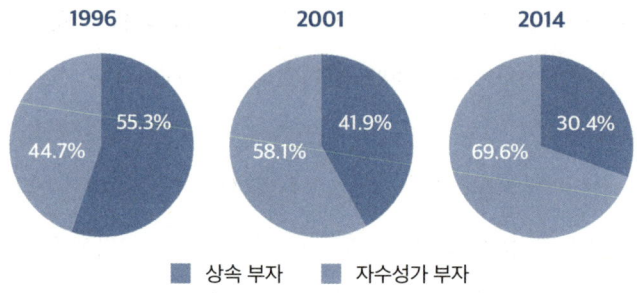

가 전체의 44.7%였던 데 비해 2014년에는 이들의 비중이 전체의 69.6%로 늘어난 것이다.*

여기까지 생각하고 나는 서윤을 바라보았다. 그녀는 창밖으로 시선을 두고 정원을 지그시 바라보고 있었다. 내가 충분히 이해할 때까지 인내심 있게 기다려주는 모습이었다. 그때 아름답게 가꿔진 나무들 사이에서 푸드득거리는 파동이 일어났다. 수풀 사이로 새 한 마리가 날아오른 것이다. 그 장면을 지켜보다 말을 꺼냈다.

"생각해보니 제가 아는 사람 중에도 자신의 힘으로 큰 부자가 된 사람들이 있네요. 그런데 왜 저는 부자가 될 수

---

* "The origins of the superrich: The billionaire characteristics database" (February 2016) Caroline Freund and Sarah Oliver

없을 거라고 체념했던 걸까요?"

서윤은 즉시 답을 주지 않고 찻주전자를 옆으로 기울여 조용히 차를 따랐다. 내 앞의 찻잔을 채워준 뒤 천천히 고개를 들어 나를 바라 보았다.

"그건 우리가 자기 자신의 감옥 안에 스스로를 가두고 있기 때문이에요."

"감옥이라고요?"

'패러다임 시프터(paradigm shifter, 기존의 패러다임을 바꾸는 사람).' 그 말을 듣자 서윤의 별명이 떠올랐다. 그 별명 그대로였다. 서윤은 내가 지금까지 세상을 인식해온 틀을 변화시키고자 했다.

"자신의 감옥이란 우리 안의 세계관에 얽매여 스스로의 가능성을 가둬버린 것을 말해요. 반대로, 이것을 깨기만 하면 누구든 잠재력을 최대한 발휘하고 부자가 될 수 있어요."

서윤은 나에게 기계론적 세계관과 유기체적 세계관을 잠시 찾아볼 것을 권유했다.

기계론적 세계관은 세상을 수학적 인과 관계로 작동되는 거대한 기계로 본다. 우리는 세상과 완전히 분리된 존재이고 세상은 인간과 상관없이 자체의 메커니즘으로 돌아간다는 것이다. 반면 유기체적 세계관은 인간을 단순한 관찰자가 아니라 세상과 연결된 참여자로 간주한다. 이 관점에 의하면 우리는 이 세계와 분리된 것이 아니라 세상과 에너지를 주고받으며 교류하고 있다.

찾아본 글들을 읽으며 고개를 끄덕이고 있을 때 서윤이 설명을 이어갔다.

"유기체적 세계관은 동양의 전통적인 관점과도 통하죠. 도가에서는 '천지와 나는 병존하고 만물과 나는 하나가 된다'고 했고, 불교에서는 '천지와 나는 같은 근원을 가지고 있고, 만물과 나는 일체가 된다'라고 말했어요. 유교에서는 인간과 만물은 모두 '인仁' 혹은 '양지良知'가 깃들어 있으므로 일체가 된다'고 했지요. 이처럼 동양 철학에서 자연이란 살아 있는 유기체로서 생명을 잉태하고 기르며, 사람은 그속에서 만물과 함께 상호 의존하여 조화롭게 살아가는 것으로 이해해왔어요."

GURU'S QUOTES

"많은 사람들은 자신 안의 세계관에 갇혀 스스로의 가능성을 가둬버렸죠. 이것을 깨기만 하면 누구든 잠재력을 최대한 발휘하고 부자가 될 수 있어요."

38

매트릭스를 탈출하라

내가 이해한 것이 맞는지 정리해보았다.

"기계론적 세계관에 따르면 우리는 이 거대한 세상 속 작은 부속품에 불과하네요. 하지만 유기체적 세계관에서의 인간이란 세상을 바꿀 수 있는 존재인가 봐요…. 맞게 이해한 걸까요?"

"네, 잘 이해하셨어요. 진짜 부자들이 세상을 보는 방식에 대해 이야기 나눈 것 기억하세요?"

"진짜 부자들이 감정을 이용해 자신의 세상을 만들어간다고 하신 말씀이요? 네, 기억나요. 그러고 보니 그들이야말로 유기체적 세계관 속에서 살고 있네요."

진짜 부자들이 다른 세상에서 살고 있는 것처럼 느껴졌던 것은 그들이 소유한 명품이나 슈퍼카 때문이 아니었다. 그들의 세계관이 달랐기 때문이었다. 생각해보니 그들에게서 특별한 에너지가 감지되었던 이유도 거기에 있었다. 그 비밀을 깨닫게 되자 저절로 탄식이 흘러나왔다.

"아, 주어진 길 밖의 세상은 상상도 해본 적이 없었어요. 그것도 모르고 기계의 부품으로 살기만 했네요. 세상의 기준에 맞추려고 노심초사하면서요."

축 처진 내 어깨를 서윤이 살짝 두드려주었다. 그 손길을 따라 따뜻한 에너지가 전해졌다.

"홍 기자님만 그런 것은 아니에요. 대부분의 사람들이 무의식적으로 기계론적 세계관을 받아들이죠. 그 결과 세상이라는 커다란 공장 속의 작은 톱니바퀴와 같은 삶을 선택하게 되는 거예요. 자신의 잠재력은 일찌감치 족쇄로 채워버린 채, 평생 얼마를 벌 수 있을지 미리 한계를 그어버리고요. 자신의 욕망을 통제하고 오늘을 희생해야 비로소 가난을 정복할 수 있다는 것 역시 같은 맥락이에요."

그렇다. 지금까지 부모님이나 선생님들은 늘 이렇게 말해왔다. "하고 싶은 것은 최대한 참고, 위험한 일은 최대한 피해야 한다. 안 그러면 낭떠러지로 떨어질 수 있어." "신나게 즐기다가 나중에 무슨 낭패를 당하려고. 험한 세상에서 살아남으려면 지금 더 견뎌야지."

하지만 서윤이 하는 이야기는 전혀 달랐다. 그 생각은 자신이 만든 감옥일 뿐이라는 것이었다. 그녀는 또 말했다. 그 감옥을 깨고 밖으로 나가면 부자가 될 수 있다고. 그 말을 듣자 내 몸이 먼저 반응했다. 온몸에 활기가 돌면서 손끝과 발끝이 따뜻해졌다. 가슴은 기분 좋게 뛰기 시작했다.

그때 서윤이 가볍게 질문을 던졌다.

"영화 〈매트릭스〉 보셨어요?"

"제가 좋아하는 영화 중 하나예요. 여러 번 봤는걸요."

문득 영화 속 주인공이 빨간 약과 파란 약을 앞에 놓고 고민하던 장면이 생각났다. 빨간 약을 먹고 나서 남자는 자신이 기계의 세상에서 살았다는 사실을 깨닫게 된다. 그러고 보니 지금 내 상황도 다르지 않았다.

"아! 저도 그동안 매트릭스 속에서 살아왔나 봐요. 기계들에게 에너지를 공급하는 배터리로 살아온 거죠. 말씀을 듣고 나니 저도 빨간 약을 먹은 기분이에요. 앞으로는 진짜 세상을 볼 수 있을 것 같아요!"

"그래요, 매트릭스 밖에 존재하는 진짜 세상은 지금껏

인식해온 세상과 달라요. 진짜 세상에서는 내면의 목소리를 들으며 잠재력을 해방시키고 세상을 원하는 대로 바꿀 수 있거든요. 이게 바로 진짜 부자들이 해내고 있는 일이죠. 그들에게는 매일이 진정한 자신으로 살아가는 축제가 돼요."

내 앞에 앉은 스승을 보며 확신이 들었다. 반드시 해낼 수 있을 것 같았다.

"어떻게 하면 매트릭스를 탈출할 수 있을까요?"

"믿건 믿지 못하건 간에, 홍 기자님은 이미 감옥의 벽에 금을 내기 시작했어요. 에너지를 빨아먹는 호스들을 이미 제거한 셈이에요."

"그다음에는 무엇을 해야 하지요?"

"이제 어디로 향할지 내 안의 좌표를 다시 설정해야겠죠. 그리고 달라진 내가 세상에 어떤 영향을 주고 싶어하는지도 함께 생각해보세요. 그러기 위해 먼저 신문이나 책을 읽을 때 어떻게 이야기의 배경이 다르게 보이는지 살펴보는 것이 좋겠죠?"

"그 과정에서 Having을 하는 것도 도움이 될까요?"

"Having은 기꺼이 베들레헴의 별과 같은 역할을 할 거예요. 불안과 두려움을 최소화하는 데도 도움이 될 거고요."

이제 나는 돌아갈 시간이었다. 일본에서 좀 더 머물 서윤과는 달리 나는 일상으로 돌아가야 했다. 헤어지기 전에 우리는 악수를 나누었다. 그녀의 따뜻한 손을 타고 강력한 에너지가 전달되는 듯했다.

"매트릭스에서 이런 말이 나오죠. '나는 네 마음을 자유롭게 해줄 것이다. 하지만 나는 그곳으로 가는 문까지만 보여줄 수 있다. 그 문을 통과해야 하는 것은 바로 너 자신이다. (I am trying to free your mind. But I can only show you the door. You are the one that has to walk through it.)' 결국 매트릭스를 깨는 것은 바로 자기 자신이에요. 아무도 대신해줄 수 없죠. 홍 기자님도 이제 거의 다 왔어요. 한 발짝만 더 넘어서면 모든 것이 생각보다 더 빨리, 그러나 쉽게 진행될 거예요."

서윤의 마지막 말이 계속 머릿속에 맴돌았다. 그 말을 가슴에 담고 방 밖으로 발을 내디뎠다. 신기하게도 들어올 때와는 느낌이 달랐다. 완전히 새로운 세상으로 진입하는 기분이었다. 강력한 에너지가 온몸을 휘감는 느낌도 들었다. 그 에너지로 무장한 나는 이제 무엇이든 할 수 있을 것만 같았다. 나는 힘차게 앞으로 나아갔다.

GURU'S QUOTES

"대부분의 사람들이 무의식적으로 기계론적 세계관을 받아들이죠. 그 결과 세상이라는 커다란 공장 속의 작은 톱니바퀴와 같은 삶을 선택하게 되는 거예요. 자신의 잠재력은 일찌감치 족쇄로 채워버린 채, 평생 얼마를 벌 수 있을지 미리 한계를 그어버리고요. 자신의 욕망을 통제하고 오늘을 희생해야 비로소 가난을 정복할 수 있다는 것 역시 같은 맥락이에요."

"매트릭스 밖에 존재하는 진짜 세상은 지금껏 인식해온 세상과 달라요. 진짜 세상에서는 내면의 목소리를 들으며 잠재력을 해방시키고 세상을 원하는 대로 바꿀 수 있거든요. 이게 바로 진짜 부자들이 해내고 있는 일이죠. 그들에게는 매일이 진정한 자신으로 살아가는 축제가 돼요."

"믿건 믿지 못하건 간에, 이미 감옥의 벽에 금을 내기 시작했어요. 에너지를 빨아먹는 호스들을 이미 제거한 셈이에요."

"결국 매트릭스를 깨는 것은 바로 자기 자신이에요. 아무도 대신해줄 수 없죠. 이제 거의 다 왔어요. 한 발짝만 더 넘어서면 모든 것이 생각보다 더 빨리, 그러나 쉽게 진행될 거예요."

39

진정한 나 자신의 목소리를 듣다

"길을 아는 것과 그 길을 걷는 것은 다르다.(There is a difference between knowing the path and walking the path.)"
— 〈매트릭스〉

일본에서 돌아와 매트릭스를 다시 찾아 보았다. 영화에 나오는 인물들이 모두 나를 향해 이렇게 외치는 것 같았다. 어서 빨리 탈출하라고. 특히 길을 아는 것과 그 길을 걷는 것은 다르다는 대사가 머릿속 깊이 박혔다. 서윤이 이끌어준 덕분에 이제 나는 그 길이 무엇인지 알게 되었다. 남은 것은 그 길을 걷는 것뿐이었다. 마지막 한 발짝을 떼는 것은 오롯이 나의 몫이었다.

　매트릭스를 탈출하겠다고 결심했으나 어디서부터 어떻게 시작해야 할지 감이 오지 않았다. 그렇다고 초조해하지는 않으려고 했다. 서윤의 말대로 불안은 Having에 도움이 되지 않는 감정이었기 때문이다. 나는 일본에 다녀오기 전과 마찬가지로 Having 노트를 쓰며 혼자만의 시간을 가지려고 노력했다. '있음'을 느끼고 편안함의 감정에 머무르며 내면의 나에게 집중해보았다.

　변화는 작은 일에서부터 느껴졌다. 세계관이 바뀌었기 때문일까? 먼저 신문 기사가 다르게 읽히기 시작했다. 고액 연봉을 포기하고 창업한 사람의 기사를 봤을 때였다. 예전의 나라면 그걸 보고 이렇게 생각했을 것이다. '1년 넘게 고생했는데 아직 회사가 손익분기점에 도달하지 못했다고? 역시 월급 받고 편안하게 사는 게 최고야. 광야로 나가봤자 이렇게 고생만 한다고.' 그런데 지금은 같은 기사가 이렇게 이해되었다. '이 사람은 더 이상 매트릭스에 에너지를 빨리지 않겠구나. 자신을 가두는 감옥에서 벗어난 거네. 대단하다. 나도 곧 이렇게 될 수 있겠지.'

　책을 볼 때도 마찬가지였다. 창업가들의 성공담을 읽으며 과거의 나는 이런 생각에 빠지곤 했었다. '이 사람에게는 엄청난 기술력이 있었네. 저 사람한테는 세상을 바꿀 아이디어가 있었고. 이 사업가는 몸이 부서져라 일만 했구나. 역시 성공은 극소수의 전유물이야.' 하지만 매트릭스에서 벗어나겠다고 생각하자, 같은 내용을 읽고도 전혀 다른 느낌이 들었다. '이 사람도 Having을 했나 봐. 부자가 되는 미래를 확신하고 진정한 세상으로 나아간 거지. 그래, 나에게도 곧 이런 미래가 찾아올 거야. 더 열심히 Having을 하며 나 자신에게 집중해야겠다!'

솔직히 말하자면 내가 기계의 부속품으로 살아왔다는 것은 새로운 사실이 아니었다. 다만 주어진 상황을 바꿀 용기가 없었을 뿐이었다. 그런데 서윤은 이렇게 말하고 있었다. 벌써 거의 다 왔다고. 이제 한 발짝만 넘어서면 된다고. 그녀의 말대로 조금만, 아주 조금만 더 앞으로 나아가면 될 것 같았다. 그 방법을 알기 위해 나는 Having에 더 집중하기로 마음먹었다. 불필요한 모임들을 취소하고 혼자 있는 시간을 늘리며 내 마음을 자세히 들여다보기 시작한 것이다.

어느 날 밤 나는 Having 노트를 쓴 다음 인터넷을 검색하는 중이었다. 이런저런 기사를 읽고 있는데 갑자기 인터뷰 하나가 눈에 들어왔다. 그것은 소설가로 성공한 전직 기자에 대한 기사였다. 그 글을 읽는 순간 머릿속에 좋은 아이디어가 떠올랐다.

"그래, 이거야! 서윤에게 배운 것을 책으로 써야겠어. 그녀를 직접 만나지 못하는 사람들도 행운의 비밀을 배울 수 있도록."

나는 미국에서 바로 책을 내야겠다고 결심했다. 서윤의 메시지를 한국뿐 아니라 전 세계 독자들에게도 알리고 싶었기 때문이다. 물론 무모한 생각이라는 것은 잘 알고 있었다. 한국에서 성공한 몇몇 책들이 영미권에 소개된 사례는 있지만, 이민자가 아닌 한국인이 미국에서 먼저 책을 출간한 경우는 한 번도 접해본 적이 없었다. 게다가 미국은 번역물에 인색한 나라였다. 외국에서 쓰여진 책은 전체의 5% 미만이었다. 책을 한 번도 써보지 않은 내가, 한국도 아닌 미국에서, 그것도 번역물을 출판하려고 하다니…. 이건 누가 봐도 불가능에 가까운 생각이었다.

하지만 나는 기계론적 세계관에서 벗어나기로 하지 않았던가? 정답은 남들의 생각이 아니라 내 마음속에 있을 터였다. 그 답을 찾아낼 방법은 Having. 나는 두 손가락을 들어 올리고 눈을 감은 채 미국에서 책을 출간하는 모습을 떠올려보았다. 영어로 된 책이 내 눈 앞에 그려지자 마음속에 기분 좋은 만족감이 퍼져 나갔다. 따뜻한 물 안에서 목욕을 하듯 온몸이 부드럽게 이완되는 느낌도 들었다. 의심할 것 없는 초록불이었다. 나는 편안한 마음으로 미국에 보낼 출판 제안서를 작성하기 시작했다.

며칠 후, 제주도로 출장을 가는 길이었다. 비행기 창밖을 내다보며 Having을 하고 있는데 마음 깊은 곳에서 선명한 목소리가 들려왔다.

"회사를 그만두자."

이게 무슨 소리지? 회사를 그만두라니? 소속될 곳이 없는 내 인생은 한 번도 상상해본 적이 없었다. 직장이 사라지면 월급도 사라진다는 이야기가 아닌가. 나는 절레절레 고개를 흔들었다. '아니야, 그럴 리가 없어. 잘못 들은 걸 거야.'

하지만 마음속의 그 목소리는 점점 더 커져만 갔다. 만원 지하철 안에서 힘겹게 출근할 때도, 정신없이 업무를 처리할 때도, 잠든 아이를 보고 있을 때도… 그 목소리는 이제 내 몸과 마음, 그리고 내 영혼까지도 뒤흔들고 있었다.

나는 스스로에게 물어보았다.

'이것이 진정한 나 자신의 목소리일까? 나의 무의식이 행운의 길을 알려주고 있는 걸까?'

질문에 답을 주듯 마음속 목소리가 또렷하게 대답했다.

'맞아. 이건 너의 내면이 알려주는 신호야. 이제 네가 하고 싶은 것을 찾았잖아. 더 이상 매트릭스에 에너지를 빼앗길 필요가 없어.'

사실 내 직장 생활은 탄탄대로였다. 외국계 회사에서 대외협력 이사로 일하던 나는 나름 잘나가는 회사원이었다. 상사로부터는 좋은 평가를 받았고 동료들과도 원만한 관계를 유지하고 있었으며 연봉도 지난해보다 15%나 인상된 상태였다. 이대로 간다면 당분간 잘릴 걱정 따위는 하지 않아도 될 것 같았다.

그런데 사표를 내겠다니, 주변 사람들이 반대하는 것도 당연한 일이었다. 회사 동료 하나는 이렇게 충고했다.

"경기가 이런데, 퇴직하고 책을 쓰겠다고요? 그건 무모한 생각이에요. 한 해에 출판되는 책이 얼마나 많은데…. 그냥 취미 삼아 주말에나 쓰세요."

나에게 이렇게 말해주는 친구도 있었다.

"우리 나이에 하고 싶은 걸 하면서 사는 사람이 얼마나 되겠어? 섣불리 모험에 나섰다가는 경력만 단절되고 다시 일 구하기도 어려울지 몰라. 허황된 꿈 그만 꾸고 당장 정신 차려."

40

새로운 길이 나타나다

고정관념에 사로잡힌 말들을 듣자 온갖 생각이 꼬리에 꼬리를 물고 떠올랐다.

'무작정 사표부터 냈다가 실패하면 어떡하지. 애 교육비나 대출금 상환은 또 어쩌고? 남편 월급으로 감당할 수 있을까? 남들 말대로 회사를 다니면서 책을 써볼까? 아무래도 안정적인 수입이 있는 게 나을 텐데.'

'남들이 나를 어떻게 볼지도 걱정되네. 백수가 되면 명함도 없어지는 거잖아. 직업이 없다고 사람들이 나를 우습게 보면 어떡하지?'

몇 날 며칠을 끙끙 앓다가 나는 서윤에게 이메일을 보냈다.

"회사를 그만두는 문제에 대해 고민하고 있어요. 하지만 만류하는 사람들의 이야기를 듣고 있으면 너무나 불안해져요. 내면의 목소리는 분명한데, 이렇게 불안하고 흔들릴 때는 어떻게 해야 할까요."

며칠 후 다음과 같은 답장이 왔다.

"홍 기자님이 보낸 메일을 읽으니, 이미 답을 찾으셨다는 걸 알겠네요. 불안을 없애기 위해 확신이 필요하신 거라면, 그것조차 이미 자신의 안에 있다는 걸 느끼시길 바라요."

서윤이 보낸 편지를 몇 번이나 소리 내어 읽어보았다. 단어 하나하나에 담긴 뜻을 새길수록 나를 괴롭히던 불안감은 점점 사라져갔다. 나는 스스로를 향해 다짐하듯 말했다.

"구루가 나를 신뢰하는구나. 그래, 내 힘으로 답을 찾을 수 있을 거야."

메일을 읽고 나니 무엇을 해야 할지 알 수 있었다. 바로 Having이었다. 나는 가만히 눈을 감고 다른 사람들의 말을 하나씩 떠올려보았다. 순간, 가슴이 답답해지면서 묵직한 돌덩이를 올려놓은 듯 목과 어깨가 뻣뻣해졌다. 귓가에는 듣기 싫은 잡음이 왱왱 울렸다. 머릿속에서는 거센 태풍이 휘몰아쳤다. '이건 빨간불이야! 불안과 걱정은 모두

가짜 목소리였어. 남들이 하는 말에 동요하지 말아야겠어.'

신기하게도 Having을 할수록 내 결정을 도와주는 사건들이 계속 일어났다. 마치 나를 둘러싼 세상이 화살표를 들고 여기가 행운의 길이라고 가르쳐주는 것처럼.

서윤의 메일을 받고 며칠이 지난 뒤 의외의 전화 한 통이 걸려왔다. 지금 살고 있는 아파트를 팔라는 부동산의 전화였다. 전화를 통해 중개사가 제시하는 가격을 듣고 나는 너무 놀랐다. 아파트 값이 몇 달 사이 3억이나 오른 것이다! 3억, 기계론적 세계관으로 보면 한 달에 5백만 원씩, 5년을 꼬박 모아야 만져볼 수 있는 돈이었다. 그런 큰돈이 들어오게 되다니, 전화를 끊고 나서도 그 말이 믿어지지가 않았다.

며칠이 지나고 매매 계약서에 서명을 하면서 나는 Having이 불러온 기적에 감탄할 수밖에 없었다.

'이것이 Having의 행운이구나. Having이 만드는 세상은 이런 것이구나. 정말 대단하다!'

그날 저녁, 집을 판 것을 기념하기 위해 우리 가족은 유명한 프랑스 식당을 찾았다. 남편에게는 멋진 양복을, 아들에게는 근사한 기차 테이블을 선물했다. 식당에서 향이 좋은 와인을 마시며 나는 이렇게 생각했다.

'행운의 길을 택한다면 계속 이런 일들이 일어나겠지. 용기를 내어 내면의 목소리를 따라야 할까?'

결정적인 사건은 일주일 후에 일어났다. 회사 앞 커피 전문점에서 줄을 서 있는데 손에서 이상한 느낌이 들었다. 별생각 없이 손을 바라본 순간 나는 깜짝 놀라고 말았다. 늘 목에 걸고 다니던 회사 출입증이 반으로 쪼개져 있었기 때문이었다. 바닥에 떨어지거나 큰 충격을 받은 것도 아닌데 그 두꺼운 플라스틱이 두 동강 나다니…. 갑자기 모든 것이 분명해졌다. 나는 슬며시 미소를 지었다. '그래, 이건 Having이 알려주는 신호야.' 더 이상 망설일 것이 없었다. 나는 당장 사무실로 올라가 사표를 작성해 제출했다.

업무 인수인계를 마치고, 어느덧 마지막으로 출근하는 날이 되었다. 나는 박스에 짐을 챙기고 모두와 인사를 나눈 뒤 사무실을 나왔다. 빌딩을 나서는데 온몸에서 짜릿한 쾌감이 느껴졌다. 나를 옭아매던 매트릭스에서 벗어나다니! 세상이 모두 내 것 같았다. 두 팔을 활짝 펴고 이 해방감을 만끽하고 싶은 심정이었다.

집으로 돌아온 나는 서윤에게 메일을 쓰고 그동안 있었던 일들을 상세하게 적었다. 그리고 따뜻한 물로 목욕을 한 뒤 그 어느 때보다도 편안하게 잠자리에 들었다.

그녀의 책을 읽은 미국과 유럽, 아시아의 독자들은 "내 인생을 바꿨다!", "큰 행운이 찾아왔다.", "죽기 전에 꼭 한 번 만나보고 싶다."며 그녀의 가르침을 따르고 있다.

개명 전 이름은 이정일. 저술한 책으로는 『더 해빙』과 『운명이 건네는 호의, Favor』를 비롯, 『오래된 비밀』, 『운, 준비하는 미래』 등이 있다.

이서윤 인스타그램_ @suhyoon.lee

홍주연

연세대 사회학과를 졸업한 뒤 중앙일보 사회부와 산업부 등에서 10년 가까이 기자로 일했다. 기자 생활을 정리하고 미국 펜실베니아 대학 와튼스쿨The Wharton School에서 경영학 석사MBA를 받은 뒤 경영 컨설팅 회사 맥킨지McKinsey&Company에서 대외협력 담당 이사로 근무했다.

기자로 일하던 시기 이서윤을 인터뷰하면서 처음 만났고, 이후 『더 해빙』을 함께 썼다. 이서윤의 가르침을 통해 운의 흐름을 타고 '더 나은 나'로 성장해 가는 과정을 직접 경험한 뒤 『운명이 건네는 호의, Favor』를 집필했다.

더 해빙

초판 1쇄 발행 2025년 7월 31일
초판 3쇄 발행 2025년 11월 17일

지은이 이서윤 홍주연
발행처 ㈜후플렉스
발행인 이서윤 홍주연
디자인 studio forb
제작 ㈜공간코퍼레이션
주소 경기도 용인시 기흥구 동백죽전대로 444, 씨602-에스17호(중동, 쥬네브)
출판등록 2024년 7월 23일 (제2024-000109호)
전자우편 info@whiteocean.kr
ISBN 979-11-988901-2-2 03320

© 이서윤, 홍주연, 2025

- 이 책은 저작권법에 따라 보호를 받는 저작물이므로 무단전재와 무단복제를 금지하며
  이 책 내용의 전부 또는 일부를 이용하려면 반드시 저작권자와 ㈜후플렉스의 서면동의를 받아야 합니다.
- 책값은 뒤표지에 있습니다.

글귀를 읽는 순간 나는 양손을 번쩍 들고 자리에서 벌떡 일어났다. 에이전트 계약을 하자는 제안이었다. "됐다, 됐어! 드디어 됐어!" 나는 있는 힘껏 다리를 구르며 온 집 안을 아이처럼 뛰어다녔다. 짜릿한 기쁨에 온몸이 터질 것만 같았다.

○ ○ ○

나는 지금 낯선 숲으로 난 길 위에 서 있다. 이 길이 어디로 향하는지 알 수 없지만 그렇다고 불안하거나 두렵지는 않다. Having의 세상을 사는 나는 이미 알고 있기 때문이다. 이 길 위에서 행운의 여신이 나와 함께할 것이라는 사실을. 진짜 세상으로 나온 내 앞에는 이제 부와 행운만이 가득할 것이다.

발을 한 걸음 내딛는다. 길을 걷는 내 머리 위로 찬란한 태양이 빛난다. 옆을 돌아보자 또 다른 나의 태양, 서윤이 환하게 웃고 있다. 그 황금빛 에너지를 온몸에 느끼며 나는 앞으로 나아간다. 아, 나는 이 순간을 살고 있다. 나는 지금 Having을 하고 있다.

이서윤

대한민국 상위 0.01%가 찾는 행운의 마스터. 세계 최대 출판그룹인 펭귄랜덤하우스에서 선출간한 그녀의 저서 『더 해빙The Having』은 미국을 비롯해 프랑스, 이탈리아, 일본 등 전 세계 20개국 이상의 국가에서 출간되어 총 50만 부 이상 판매되었다. 이 책은 또 교보문고, 예스24, 알라딘 등에서 연간 종합베스트셀러 1위(2020년)에 올랐다.

이서윤은 운에 대한 깊은 통찰과 삶을 바라보는 따뜻한 시선으로 전 세계 독자들의 열렬한 지지를 받고 있다. 버락 오바마 미 대통령의 출판 에이전트였던 제인 디스텔은 이서윤의 에이전트를 자처하며 "삶을 살아가는 방식에 대해서 새로운 시각을 제시한다."고 말했다.

『미라클』, 『호오포노포노의 비밀』의 저자 조 비테일은 『더 해빙』에 대해 "삶에 대해 다른 자세를 갖도록 도와주는 책"이라며 "내가 오랜 기간 읽은 것 가운데 최고"라는 찬사를 보낸 바 있다.

이서윤은 사주와 관상에 능했던 할머니의 발견으로 일곱 살 때 운명학에 입문했다. 할머니가 본 어린 손녀의 운명은 행운을 불러오는 것이었다. 할머니의 지원과 이서윤의 신념으로 주역과 명리학, 자미두수, 점성학 등 동서양의 운명학을 빠짐없이 익혔고, 10만 건의 사례를 과학적으로 분석했다. 이후 연세대 경영학과와 서울대 행정대학원에 진학해 세상에 필요한 공부를 했으며, 미국과 유럽 등지를 오가며 세계적인 대가들과 교류해 내공의 깊이를 더했다. 그녀에게 자문을 구하는 이들은 대기업 오너와 주요 경영인 등 상위 0.01%에 해당하는 사람들이다.

THE HAVING
더 해빙